W. von Rohland

Die Gefahr im Strafrecht

W. von Rohland

Die Gefahr im Strafrecht

ISBN/EAN: 9783743369511

Hergestellt in Europa, USA, Kanada, Australien, Japan

Cover: Foto ©Andreas Hilbeck / pixelio.de

Manufactured and distributed by brebook publishing software (www.brebook.com)

W. von Rohland

Die Gefahr im Strafrecht

Die

Gefahr im Strafrecht.

Zweite, vermehrte Auflage.

I.

Inaugural-Dissertation

zur Erlangung des Grades eines

Doctors des Strafrechts

Einer Hochverordneten Juristen-Facultät der Kaiserlichen Universität zu Dorpat

vorgelegt

von

Woldemar von Rohland

Mag. jur.

Ordentliche Opponenten:

Docent Dr. C. Bergbohm. — Prof. Dr. O. Schmidt. — Prof. Dr. J. Engelmann.

Dorpat.

Druck von C. Mattiesen.

1888.

Gedruckt auf Verfügung der Juristen-Facultät der Kaiserlichen Universität Dorpat.

Dorpat, den 15. Januar 1888.

Nr. 40   Decan: Dr. C. Erdmann.

Zwei Merkmale bilden den Begriff der Gefahr: die Wahrscheinlichkeit eines Ereignisses und der schädliche Charakter desselben. Wo eines dieser Merkmale fehlt, mangelt auch die Gefahr. Weder reden wir von einer Gefahr, wenn der Eintritt eines Ereignisses unmöglich oder aber gewiss ist, noch auch dann, wenn derselbe mit unseren Interessen im Einklang steht oder dieselben gar nicht berührt. Gefahr ist also die grössere oder geringere Wahrscheinlichkeit eines verletzenden Ereignisses, die mehr oder minder gesteigerte Möglichkeit seines Eintretens.

Berufen zum Schutze der Rechtswelt wider Angriffe, deren Quelle der schuldhafte Wille des Menschen ist, muss sich das Strafrecht nicht bloss mit der wirklich erfolgten Schädigung von Rechtsgütern, sondern ebensowohl mit der Möglichkeit einer solchen befassen, und damit wird die Gefahr zu einem wichtigen Objecte criminalistischer Untersuchung.

In verschiedenster Weise tritt das Moment der Gefahr im Strafrecht hervor. Lässt sich doch schon das Verbrechen überhaupt als eine ständige Gefährdung der Güter und Interessen sei es des Einzelnen sei es des Staates und der Gesellschaft auffassen [1]). In diesem vom einzelnen Verbrechen vollständig abstrahirenden Sinne bildet die Gefahr das charakteristische Merkmal des Delicts. Zum Bewusstsein

---

1) „Verbrechen ist die von Seiten der Gesetzgebung constatirte Gefährdung der Lebensbedingungen der Gesellschaft". v. J h e r i n g, d. Zweck im Recht. Leipzig. 2. Aufl. 1884. I 491.

kommt uns freilich diese fortwährende Bedrohung nur in sehr geringem Masse. Es geht uns mit dem Verbrechen, diesem Aussatz am socialen und Rechtsorganismus, wie mit den Krankheiten des menschlichen. Wir wissen, dass stets eine grössere oder kleinere Zahl von Personen krank ist und uns selbst jederzeit eine Erkrankung treffen kann, in Sorge gerathen wir aber erst, wenn eine Krankheit in einem Falle mit wahrhaft erschreckender Heftigkeit auftritt oder wenn sie eine grosse Verbreitung erlangt. Genau ebenso verhält es sich mit dem Verbrechen. Wir sind es gewohnt, dass ungeachtet aller Vorsichtsmassregeln seitens der Behörden und der Einzelnen dennoch beständig Delicte verübt werden. Auch hier kommt die Gefahr uns zum vollen Bewusstsein erst dann, wenn ein in unserer Mitte begangenes Verbrechen durch die unerhörte Dreistigkeit seiner Ausführung die Gemüther erregt oder wenn ein an sich vielleicht geringfügiges Vergehen einen geradezu epidemischen Charakter annimmt.

Wie das Verbrechen überhaupt als Gefährdung der Rechtswelt in dem Sinne bezeichnet werden darf, dass die Begehung von Missethaten sich als eine fortwährende Bedrohung derselben darstellt, so tritt dieser Gesichtspunkt auch bei der Betrachtung des einzelnen Delictes hervor [1]).

Ein Verbrechen vermag zunächst dadurch zu einem besonders gefährlichen zu werden, dass, wie bereits angedeutet, die Häufigkeit seiner Begehung sich in bedrohlichster Weise steigert. Solchen Erscheinungen gegenüber darf dann die Gesetzgebung nicht gleichgültig bleiben, sondern wird zum Einschreiten genöthigt. Ein Beispiel hierfür bietet die Körperverletzung. Die zunehmende Nichtachtung von Leib und Leben Anderer — eine der bedenklichsten Erscheinungen der neuesten Zeit — hat sich auch in der steigenden Zahl gefährlicher Körperverletzungen wiedergespiegelt und

---

1) Vgl. auch Hälschner, d. gemeine deutsche Strafrecht. Bonn 1881—87. I 457 f.

veranlasste im Jahre 1876 die deutsche Gesetzgebung die Strafen für dieses Delict erheblich zu verschärfen. Es kann aber auch geschehen, dass unredliche, jedoch nicht strafbare Handlungen durch ihr Umsichgreifen so gefährlich werden, sich zu einer solchen Calamität gestalten, dass ihre Strafbarerklärung zu einem Bedürfniss wird. Auch hierfür liefert uns die Geschichte der neuesten Gesetzgebung Belege. Die Waarenfälschung und der Wucher sind Ausbeutungen des Publicums, die, solange sie nur vereinzelt vorkommen, vom Strafrecht unberücksichtigt bleiben können. Anders aber, wenn die Verfälschung der gebräuchlichsten Nahrungs- und Genussmittel an der Tagesordnung ist und der Wucher die wirthschaftliche Existenz ganzer Bevölkerungsgruppen zu untergraben droht. Dann darf der Gesetzgeber nicht ruhig zuschauen, er muss vielmehr zu dem scharfen Mittel der Strafe greifen, um dem Uebel zu steuern. Mit Fug und Recht hat daher, die Traditionen des älteren deutschen Rechtes wiederaufnehmend, die Reichsgesetzgebung 1879 und 1880 die Fälschung von Nahrungs- und Genussmitteln und ebenso den Wucher, wenngleich in modernisirter, zweckentsprechenderer Gestalt, in die strafbaren Handlungen eingereiht.

Wie die Häufigkeit der Begehung, so ist weiter die Art und Weise der Ausführung im Stande, die Gefährlichkeit eines Delictes zu begründen. Im Gegensatz zum einfachen Diebstahle bezeichnen wir den Diebstahl zur Nachtzeit, an Reisegepäck u. s. w. als einen gefährlichen, weil er unter Umständen verübt wird, die seine Verhütung erschweren. In der Nacht, auf der Reise sind wir nicht in demselben Masse wie sonst in der Lage, unser Eigenthum zu schützen, deshalb schliesst eine Entwendung unter so günstigen Verhältnissen unternommen, die grössere Wahrscheinlichkeit des Gelingens, mithin eine grössere Gefahr für unser Eigenthum in sich. Ebenso erscheint der Diebstahl sei es mit Einbruch sei es mit Einsteigen oder unter Führung von Waffen als ein gefährlicher. Dort ist es die

Ueberwindung von Hindernissen, die sich der Verwirklichung des geplanten Vorhabens in den Weg stellen, hier die Möglichkeit über die Eigenthumsschädigung hinausgehender Rechtsverletzungen, welche ihm diesen Stempel aufprägt. Der Begriff der Gefährlichkeit wird endlich vom Verbrechen auf die Person des Verbrechers übertragen, indem wir aus seinen Handlungen auf die Gesinnung des Delinquenten schliessen. So spricht man von einem gefährlichen Gauner, einem gefährlichen Einbrecher. Man hat dabei einen Menschen im Auge, der durch seine Thaten bewiesen hat, dass wir uns seinerseits noch weiterer Störungen der Rechtsordnung zu gewärtigen haben. Dieser Gesichtspunkt findet im Gesetz seinen Ausdruck, wenn dasselbe den rückfälligen Dieb, den gewerbsmässigen Hehler mit weit höherer Strafe belegt, wie denjenigen, der sich zum ersten Male eines Diebstahles oder nur gelegentlich einer Hehlerei schuldig gemacht hat. Ja, es erscheint zweifellos, dass die Gesetzgebung immer mehr dazu gelangen wird, jene zwei Gruppen von Verbrechern, die gewohnheitsmässigen und die Gelegenheits-Verbrecher zu sondern und einer wesentlich verschiedenen Behandlung zu unterwerfen. Im Kampfe gegen das professionelle Gaunerthum tritt der Gesichtspunkt der Strafe gegenüber dem der Sicherung und Unschädlichmachung erheblich in den Hintergrund.

I.

Schon die bisherige Betrachtung zeigt das Moment der Gefahr vielfach im Strafrecht verwerthet, freilich zugleich als ein solches, welches dem einzelnen Verbrechen nicht wesentlich ist, sondern bald vorhanden sein, bald fehlen kann, mithin einen mehr zufälligen Charakter besitzt. Die Gefahr vermag aber auch **integrirendes** Merkmal im Thatbestande eines Delictes zu werden. Erst dann erlangt sie ihre volle Bedeutung für das Strafrecht und erhebt sich zu einem der wichtigsten criminalistischen Begriffe.

Die Gefahr spielt eine derartige Rolle zunächst bei denjenigen Handlungen, welche als **regelmässig gefährliche** bezeichnet werden [1]), weil bei ihnen überaus häufig, aber durchaus nicht unter allen Umständen eine Gefahr für die Rechtswelt sich einstellt. So ist das übermässig schnelle Fahren in Städten verboten, obgleich die Handlung im einzelnen Falle der Gefährlichkeit vollständig entbehren kann. Desgleichen ist das Hetzen von Hunden auf Menschen untersagt, trotzdem im gegebenen Falle die Gefahr mangeln kann. Es liegen hier also Handlungen vor, welche ähnlich gewissen Krankheiten erfahrungsmässig eine vollständig verschiedene Erscheinungsform aufweisen können, bald nehmen sie gleich diesen einen gänzlich ungefährlichen, gutartigen Verlauf, bald steigern sie sich zur ernsten Bedrohung des Lebens.

Ist somit Kennzeichen dieser regelmässig gefährlichen Handlungen, dass sie gefährlich sein **können**, aber nicht gefährlich sein **müssen**, so bildet umgekehrt das **nothwendige** Vorliegen einer Gefahr das Merkmal des Ge-

---

1) **Binding**, Handbuch des Deutschen Strafrechts. Leipzig 1885. I 170 und „die Normen und ihre Uebertretung". Leipzig 1872 u. 1877. I 47.

fährdungsverbrechens[1]). Das Erforderniss der vorhandenen Gefahr ist bei demselben zum Thatbestandsmoment erklärt. Dadurch scheidet sich das Gefährdungsdelict von jenen Vergehen polizeilicher Natur. Hier ist die wirklich vorhandene Gefahr, dort die mögliche, nur regelmässig eintretende Bestandtheil des Verbrechensbegriffes. Bei den letzteren verbietet und straft der Gesetzgeber die Handlung auch dann, wenn sie keine Gefahr involvirt, untersagt mithin, um ihrer bloss möglichen Gefährlichkeit willen, die Handlung als solche. Bei dem ersteren dagegen legt er den entscheidenden Nachdruck auf die Existenz der Gefahr: verboten ist eine Handlung, welche wirklich eine Gefahr in sich schliesst. Dort bedeutet die Uebertretung der Norm häufig bloss einen Ungehorsam wider diese, hier darüber hinausgehend stets eine Bedrohung der Rechtswelt. Der Werth beider Delictsgruppen ist demgemäss ein wesentlich verschiedener. Jene gehören dem polizeilichen oder Ungehorsams-Unrecht, diese dem criminellen Unrecht im engeren Sinne an.

Das heutige Recht kennt nun zuvörderst eine Reihe von Gefährdungsverbrechen, welche ihre Spitze gegen die Rechtsgüter der Einzelpersönlichkeit kehren. Ein solches ist der Zweikampf, der sich nicht etwa als Eingriff in die Rechtspflege, als eine Art unerlaubter Selbsthülfe, wie zuweilen noch angenommen wird[2]), sondern als gegenseitige Gefährdung von Leib und Leben seitens der Duellanten darstellt. Zu seiner Vollendung genügt das Vorhandensein einer Gefahr, diese ist aber durch den Gebrauch tödtlicher Waffen — und auf einen Zweikampf mit solchen beschränkt sich der strafrechtliche Begriff desselben — stets gegeben.

---

1) Binding, Normen I 45 und Handbuch I 170. Es ist ein nicht genug gewürdigtes Verdienst Binding's, das Wesen des Gefährdungsdelictes klargestellt und demselben eine selbständige Stellung neben dem Verletzungs- und dem Ungehorsamsdelicto verschafft zu haben.

2) Berner, Lehrbuch des Deutschen Strafrechts. Leipzig 14. Aufl. 1886 S. 450; Hälschner II 039.

Ebenso verhält es sich mit dem Vergehen der Aussetzung. Wer eine hülflose Person, z. B. ein Kind, einen Kranken oder sinnlos Betrunkenen in eine hülflose Lage verbringt oder in einer solchen verlässt, ruft eine Gefahr an Leib und Leben für den Ausgesetzten hervor.

Unter den gegen die Freiheit gerichteten Delicten ist es die Bedrohung, welche den Charakter eines Gefährdungsverbrechens an sich trägt [1]). Der Drohbrief z. B. mit der Ankündigung, man werde Jemandem den rothen Hahn auf's Dach setzen oder ihn auf der Strasse durchprügeln [2]), enthält eine Gefährdung der Freiheit, denn er ist geeignet, den Bedrohten in der Freiheit seiner Bewegung zu beeinträchtigen.

Ferner gehört die verläumderische Creditgefährdung hierher. Dieselbe wird zwar vom Gesetzgeber im Zusammenhang mit den Vergehen wider die Ehre behandelt[3]), ist aber richtiger als ein selbstständiges Delict, als Angriff auf ein eigenes Rechtsgut der Persönlichkeit, welches einen wesentlich wirthschaftlichen Werth besitzt, den Credit, aufzufassen [4]).

Betrachten wir an der Hand der erörterten Verbrechen das Wesen des Gefährdungsdelictes, so springt als eine Eigenthümlichkeit desselben in die Augen, dass es zu seiner Vollendung nur des Eintritts einer Gefahr, nicht der wirk-

---
1) Hälschner II 130; R. Löning, Grundriss zu Vorlesungen über Deutsches Strafrecht. Frankfurt a. M. 1885. S. 107; vgl. auch Geyer in v. Holtzendorff's Handbuch des Strafrechts. Berlin 1871—77. III 582, IV 394; Schütze Lehrbuch des Deutschen Strafrechts. Leipsig 2. Aufl. 1874 S. 411. — Als gegen den Rechtsfrieden des Einzelnen gerichtet fassen das Delict auf H. Meyer Lehrbuch des Deutschen Strafrechts. Erlangen 3. Aufl. 1882. S. 477 (Gefährdung der rechtlichen Sicherheit), v. Liszt Lehrbuch des Deutschen Strafrechts. Berlin 2. Aufl. 1884. S. 433.
2) Das D. Ob. § 241 stellt nur die Bedrohung mit einem Verbrechen im gesetzlichen Sinne des Wortes unter Strafe. Gegen diese Beschränkung mit Recht Hälschner II 132; H. Meyer S. 478; Geyer in v. Holtzendorff's Handbuch III 584, IV 394 u. A.
3) Ebenso v. Liszt S. 415.
4) Binding, Handbuch I 169. — Zu den Vermögensverbrechen stellt die Creditgefährdung H. Meyer S. 586. Dahin neigt auch Geyer, Grundriss zu Vorlesungen über Deutsches Strafrecht. München 1884—85. II 38.

lichen Schädigung eines Rechtsgutes bedarf. Dieses Moment sondert das Gefährdungsverbrechen vom Verletzungsdelicte, welches, um consumirt zu sein, stets einen solchen Rechtsschaden erheischt. Hierdurch unterscheiden sich also der Zweikampf, die Aussetzung von der Tödtung und Körperverletzung, die Bedrohung von der Nöthigung. Für den Thatbestand des Zweikampfes ist es gleichgültig, ob eine Verletzung der Duellanten stattfand, für den der Aussetzung, ob der Ausgesetzte einen Nachtheil für seine Gesundheit davontrug; ebenso ist es ohne Belang, ob der Drohbrief in der That den Bedrohten in seinen Entschliessungen beeinflusste, ob die behauptete creditgefährdende Thatsache wirklich das Vertrauen zu dem Verläumdeten vernichtete. Wesentlich ist mithin dem Gefährdungsverbrechen nicht die geschehene Rechtsgüterverletzung, sondern lediglich die Existenz einer Gefahr.

In welchem Sinne ist nun das Erforderniss des Vorhandenseins einer Gefahr zu verstehen?

Vor Allem bedarf dasselbe einer näheren Präcisirung dahin, dass die Intensität der Gefahr ohne Einfluss auf den Thatbestand des Delictes ist. Einerseits vermag die Wahrscheinlichkeit eine der Art gesteigerte zu sein, dass sie an die Gewissheit gränzt: den gestellten Bedingungen gemäss ist eine Verletzung der Duellanten geradezu unvermeidlich, die Rettung des ausgesetzten Kindes erscheint mit Rücksicht auf die Beschaffenheit des Ortes, an welchem dasselbe niedergelegt wurde, ausgeschlossen, die Drohung trifft einen durch schlimme Erfahrungen bereits vollständig Eingeschüchterten, die creditgefährdende Thatsache ist so fein ersonnen, dass sie den Zuhörer sicherlich gefangen nehmen wird. Andererseits kann die Möglichkeit der Verletzung eine ganz entfernte sein: die näheren Umstände des Zweikampfes lassen einen blutigen Ausgang höchst unwahrscheinlich erscheinen, die Drohung ist der Art, dass sie schwerlich Eindruck auf den Bedrohten machen, die Lüge so plump, dass sie kaum den Zuhörer täuschen wird.

Selbst das Ausbleiben der Gefahr im gegebenen Falle berührt den Thatbestand nicht und ist mithin nicht geeignet, die Existenz der Gefahr in Frage zu stellen. Ob die Gefahr in concreto eintritt oder nicht, ist durchaus unerheblich. So ist es für den Thatbestand des Zweikampfes gleichgültig, ob die Kugel etwa den Hut des Gegners streifte oder ob die Kugel versagte, also ob die Gefahr sich einstellte oder nicht zur Entstehung gelangte; desgleichen bei der Aussetzung, ob ein Wagen hart an dem zur Nachtzeit auf der Strasse ausgesetzten Kinde vorüberfährt oder ob gar kein Wagen gefahren kommt; ebenso ob die Drohung den Bedrohten erschreckt oder ihn gleichgültig lässt, ob die creditgefährdende Lüge Zweifel erregt oder keinen Glauben findet. Wie aber dann, wenn unter den gegebenen Umständen die Gefahr gar nicht entstehen konnte, die Möglichkeit derselben vielmehr mangelte? Nehmen wir folgende Fälle: die Pistole beim Zweikampf war so schwach geladen, dass die Kugel dem Gegner vor die Füsse fällt, der ausgesetzte Betrunkene ist nicht so hülflos, wie es den Anschein hat; der A. sendet dem ihm persönlich nicht bekannten B. wegen eines Zeitungsartikels einen Brief mit der Ankündigung, er werde ihn nächstens durchprügeln, der B. aber, mit ungewöhnlichen Körperkräften ausgestattet, hat für dieses aussichtslose Vorhaben nur ein mitleidiges Lächeln[1]); die creditgefährdende Thatsache wird einer Person mitgetheilt, welche ohne Wissen des Thäters mit den Verhältnissen des Verläumdeten so vertraut ist, dass sie das Lügengewebe durchschauen musste. Darf bei einer derartigen Beschaffenheit der Sachlage vom Standpunkt des Gefährdungsdelictes aus noch behauptet werden, dass in der That ein Zweikampf

---

[1]) Weil die Gefahr im concreten Falle mangeln kann, sieht B i n d i n g, Normen II 532, in der Bedrohung ein Polizeidelict. „Die Bedrohung ist durchaus nicht nur für den Fall ihrer Gefährlichkeit untersagt, sondern, weil sie leicht gefährlich werden kann, auch für den Fall ihrer Ungefährlichkeit". Ebenso v. B u r i im G. S. XXVII 1875 S. 532; O l s h a u s e n, Commentar zum Deutschen Strafgesetzbuch. Berlin 2. Aufl. 1886, § 241 Nr. 5.

u. s. w. vorliegt? Kein Richter wird Bedenken tragen in solchen Fällen wegen Duells, Aussetzung u. s. w. zu verurtheilen und damit das Vorhandensein der Erfordernisse eines Gefährdungsverbrechens anzuerkennen. So zutreffend eine solche Entscheidung wäre, muss sie uns nicht an der Richtigkeit der oben aufgestellten Begriffsbestimmung des Gefährdungsdelictes zweifelhaft werden lassen? Liegt nicht in dieser Gefährdung ohne die Möglichkeit einer Gefahr eine contradictio in adjecto vor?

Sehen wir uns auf dem Rechtsgebiete nach verwandten Erscheinungen um, so zeigt sich, dass die eben erörterte keineswegs vereinzelt dasteht. Zur Handlungsfähigkeit gehören zwei Merkmale [1]: die Fähigkeit, die Tragweite des eigenen Thuns in causaler und rechtlicher Hinsicht zu erkennen, und die Fähigkeit, frei sich selbst zu bestimmen. Hört nun Jemand deshalb auf, handlungsfähig zu sein, weil er sich in einem bestimmten Falle in einem nicht zu überwindenden Irrthum befand und darum eine Handlung vornahm, die zu einem Rechtsschaden führte, oder weil er durch psychologischen Zwang dazu gebracht wurde, einen rechtswidrigen Erfolg zu bewirken [2]? Hängt die Zahlungsfähigkeit einer Person davon ab, dass sie auch in jedem einzelnen Falle sofort Zahlung leisten kann, und nicht vielmehr davon, dass sie überhaupt im Stande ist, ihren Vermögensverpflichtungen nachzukommen? Entfällt etwa für den Arzt die Eigenschaft eines Sachverständigen, weil ihm zur sicheren Entscheidung einer vorgelegten Frage die nöthigen Specialkenntnisse abgehen? Oder ist der Richter nicht ein fähiger, weil er in diesem Processe im Hinblick auf sein nahes Verwandtschaftsverhältniss zu einer Partei abtreten muss? Hört Jemand auf tauglichen Subject einer Strafleistung zu sein, weil er gerade diese Strafe, etwa wegen mangelnden

---

[1] Vgl. Binding, Normen II 76.
[2] In diesen Fehler verfällt Binding, wenn er (Normen II 71, Grundriss zu Vorlesungen über deutsches Strafrecht. I 3. Aufl. 1884. S. 99) den Irrthum als Grund aufgehobener Handlungsfähigkeit, nicht als Grund mangelnder Schuld bezeichnet.

Vermögens eine Geldstrafe, auf sich zu nehmen nicht im Stande ist? Die eben besprochenen Begriffe besitzen das gemeinsame Merkmal, dass bei ihrer Bildung das Moment der Möglichkeit zu Grunde gelegt wird, sie kommen somit in Betreff dieses Merkmales mit der Gefahr überein, der Unterschied liegt nur darin, dass die Möglichkeit bei jenen auf das S u b j e c t einer rechtlich relevanten Handlung, bei dieser aber auf die o b j e c t i v e Seite einer solchen, des Verbrechens bezogen wird; dort kommt die Möglichkeit, etwas zu thun, in Betracht, hier die Möglichkeit, dass eine Veränderung an Rechtsgütern vor sich geht. Wenn nun bei der Möglichkeit in der ersteren Anwendung, der Begriff derselben durch die Unmöglichkeit im concreten Falle nicht aufgehoben wird, so erscheint der Schluss gerechtfertigt, dass die juristische Begriffsbildung auch bei der Möglichkeit in der letzteren Beziehung sich in den nämlichen Bahnen bewegt, mithin die Unmöglichkeit des Erfolgseintritts im einzelnen Falle die Existenz der Gefahr nicht zu beseitigen vermag.

Der Grund dieser Erscheinung liegt darin, dass wir bei der rechtlichen Werthschätzung einer Handlung den A l l g e m e i n b e g r i f f derselben zum Massstab nehmen, also den gemäss ihrer regelmässigen Erscheinungsform sich ergebenden g e n e r e l l e n Charakter. Diesem gegenüber stellt sich die individuelle Gestaltung der einzelnen unter den Handlungsbegriff fallenden Handlungen als etwas unwesentliches, zufälliges dar. Repräsentirt daher die regelmässig nahe Möglichkeit eines verletzenden Erfolges den wahren Charakter einer Handlung, so sind die speciellen Merkmale des einzelnen Falles, die nur entfernte Möglichkeit, das Nichtentstehen der Gefahr in concreto, ja die Unmöglichkeit ihres Eintritts, — weil als individuelle Merkmale dem Allgemeinbegriff gegenüber nur zufällige, — nicht im Stande die Beurtheilung der Handlung als einer gefährlichen, zu alteriren.

Das Verfahren, welches hierbei eingeschlagen wird, steht mit dem allgemein logischen in Einklange.

Wir brauchen den Ausdruck Möglichkeit in einem doppelten Sinne. Zunächst beziehen wir ihn auf ein **abstractes** Geschehen und erklären dasselbe für möglich, z. B. mit zwei Würfeln zwölf zu werfen, mit einer Kugel einen bestimmten Kegel zu treffen. Wir übertragen ihn aber auch auf ein **concretes** Geschehen und urtheilen z. B. wenn beide Würfel den Behälter verlassen hatten, es war möglich, dass zwölf geworfen wurde oder sagen, wenn die Kugel die Richtung auf den Kegel zu einschlägt, es ist möglich, dass derselbe getroffen wird. Die Möglichkeit in dem letzteren Sinne lässt sich zum Unterschiede von der Möglichkeit in der zuerst erwähnten Bedeutung, der **abstracten**[1]) oder **generellen** als die **concrete** oder **specielle** bezeichnen.

In der einen wie in der anderen Anwendung bestimmen wir das Geschehen, dessen Eintritt oder Nichteintritt in Frage steht, nur **generell**, nicht auch **individuell**, d. h. durch die Gesammtheit der dasselbe bedingenden Umstände. „Dass unter gewissen Umständen ein Ereigniss sowohl ausbleiben als eintreten könne, dass Beides **objectiv** möglich sei, das ist eine Behauptung, die einen durchaus haltbaren und verständlichen Sinn hat, wenn darin die Bezeichnung der bedingenden Umstände eine **allgemeine**, ungenaue, eine Anzahl verschiedener Verhaltungsweisen oder einen Spielraum einschliessende ist"[2]). Wir nennen also das Eintreten eines Erfolges, unter gewissen ungenau bestimmten Umständen, dann objectiv möglich, wenn genauere Bestimmungen der Umstände denkbar sind, welche das Eintreten des Erfolges bewirken würden[3])[4]).

---

1) Der Ausdruck abstracte Möglichkeit ist der zutreffendste. Da derselbe aber irrthümlicher Weise auch in einem anderen, weiterhin zu erwähnenden Sinne gebraucht wird, so erscheint die Anwendung des Ausdruckes generelle Möglichkeit zweckmässiger.

2) J. v. Kries, die Principien der Wahrscheinlichkeitsrechnung. Freiburg i. B. 1886. S. 87.

3) J. v. Kries a. a. O. S. 88.

4) „In der Behauptung, dass das Eintreten eines Erfolges unter gewissen allgemein bezeichneten Umständen möglich sei, spricht sich stets ein Wissen nomologischen Inhalts, eine Kenntniss bezüglich der Gesetze des Geschehens aus." v. Kries a. a O. S. 88 vgl. auch S. 288. f.

Wird nun im einzelnen Falle der Erfolg nicht verwirklicht, so wird dadurch die Möglichkeit nicht aufgehoben, weil „der factische Verlauf eines oder mehrerer Fälle die Erwartung bezüglich der folgenden in keiner Weise modificirt" [1]). Die Möglichkeit wird als solche hierdurch nicht beeinträchtigt, weil sie eben verschiedene Verhaltungsweisen der einzelnen Fälle, einen Spielraum in sich schliesst. Wie sich bei ausbleibendem Erfolg die individuellen Verhältnisse des einzelnen Falles gestalten, ist dabei für die Existenz der Möglichkeit vollständig unerheblich. So ist es für die concrete Möglichkeit irrelevant, nicht bloss ob der Erfolg verwirklicht wurde oder ausblieb, sondern auch ob die Möglichkeit seines Eintretens eine nahe oder entfernte war, ob z. B. die Kugel hart an dem zu treffenden Kegel vorüber ihre Bahn nahm oder schon vorher in eine andere Richtung abgelenkt wurde.

Ebenso bei der abstracten Möglichkeit. Die Möglichkeit mit zwei Würfeln zwölf zu werfen, kann im einzelnen Falle vorhanden, aber im Hinblick auf die Beschaffenheit der Würfel eine sehr entfernte gewesen sein, oder sie kann nicht zur Entstehung gelangt sein, etwa weil der eine Würfel in dem engen Behälter stecken blieb, sie hat sogar vielleicht nicht entstehen k ö n n e n, weil z. B. der Schwerpunkt des einen Würfels so excentrisch lag, dass es nicht möglich war sechs mit ihm zu werfen, sondern immer eine andere Zahl zum Vorschein kommen musste. Mag der concrete Fall diese oder jene individuelle Gestaltung angenommen haben, unsere Erwartung, dass bei einem anderen Wurfe bezw. mit einem anderen Würfel zwölf geworfen werden kann, wird dadurch nicht geschwächt. Die generelle Möglichkeit bleibt, unberührt von der individuellen Erscheinungsform des einzelnen Falles bestehen, weil sie begriffsmässig einen Spielraum für die Gestaltung der verschiedenen concreten Fälle in sich begreift.

---

1) v. Kries a. a. O. S. 84.

Uebertragen wir diese Grundsätze auf das strafrechtliche Gebiet, so tritt uns auch hier die Möglichkeit in ihrer zweifachen Erscheinungsform entgegen. Wir sagen z. B. beim Zweikampf im concreten Falle, dass eine Verletzung möglich, mithin eine Gefahr vorhanden war, wenn die Kugel unmittelbar an dem Gegner vorüberflog oder ihn vielleicht sogar streifte. Desgleichen urtheilen wir bei der Aussetzung, es ist möglich, dass das Kind beschädigt wird, wenn wir einen Wagen auf dasselbe zufahren sehen. Wie aber der concrete Fall sich im Einzelnen gestaltet, ob der Erfolg verwirklicht wird oder nicht, ob die Möglichkeit seines Eintritts eine ganz entfernte oder vielleicht eine sehr nahe war, weil z. B. der Schuss aus einer ganz geringen Entfernung auf den Gegner abgefeuert wurde, berührt die Existenz der Möglichkeit in concreto in keiner Weise.

Ebenso wird auch die generelle Möglichkeit einer Verletzung, also die abstracte Gefahr weder durch das Ausbleiben einer Verletzung an Leib oder Leben, noch auch dadurch ausgeschlossen, dass in concreto die Gefahr nicht entstand oder gar nicht entstehen konnte, weil die verschiedene Verhaltungsweise der einzelnen Fälle mit dem Begriff der generellen Gefahr durchaus verträglich ist.

An der Hand des Erörterten lässt sich der Begriff der Gefahr etwas näher präcisiren, als derselbe am Eingang dieser Untersuchung bestimmt wurde. Die Gefahr entsteht in concreto, wenn der Handelnde diejenige Thätigkeit vorgenommen hat, welche wir als das Setzen der Ursache bezeichnen und die Ursache nun in der Richtung auf den Erfolg hin wirkt. Sie dauert solange an als bis entweder dieser eintritt oder sein Ausbleiben gewiss ist. Die concrete oder specielle Gefahr ist also die durch das Wirken der Ursache zu dem Erfolg hin gegebene thatsächliche Möglichkeit einer Rechtsgüterverletzung.

Die abstracte oder generelle Gefahr dagegen lässt sich bezeichnen als die aus dem Gattungscharakter der vorgenommenen Handlung hervorgehende Möglichkeit der Entstehung einer Ursache zu einer Rechtsgüterverletzung.

Die generelle Gefahr ist es nun, welche dem Gefährdungsdelict zu Grunde liegt, weil Wissenschaft wie Gesetzgeber es nicht mit der einzelnen Handlung, sondern mit der ganzen Gattung und deren Charakter zu thun haben [1]). Deshalb ist es allem Schein zum Trotz, kein Widerspruch zu sagen, die Gefahr werde dadurch nicht beseitigt, dass sie im gegebenen Falle nicht eintrat, ja nicht eintreten konnte, sofern man dabei den Gegensatz der generellen und der speciellen Gefahr im Auge hat.

Dem gewonnenen Standpunkte droht indessen ein Angriff, dessen Berechtigung nicht zu verkennen ist. Es gewinnt jetzt den Anschein, als seien Gefährdungsverbrechen und Polizeidelict identisch, denn die Uebertretung eines Ungehorsamsverbotes wurde oben gerade dahin bestimmt, dass bei ihr eine Gefahr bald vorhanden bald nicht vorhanden sein könne, nicht aber eintreten müsse. Zweifellos lässt sich z. B. von dem übermässig schnellen Fahren in Städten und Dörfern sagen, dass dasselbe die Möglichkeit eines Rechtsschadens in sich birgt. Mit welchem Rechte dürfen wir eine solche Handlung eine regelmässig gefährliche oder abstract gefährliche nennen, wenn einerseits auch beim Gefährdungsverbrechen die Gefahr in concreto nicht stets gegeben zu sein braucht, und andererseits die Gefahr, welche allein beim Gefährdungsdelict als constantes Merkmal auftritt, auch nur eine abstrahirte, aus dem Allgemeinbegriff der Handlung gewonnene ist?

Was uns zu diesem scheinbar so willkührlichen und unmethodischen Verfahren berechtigt, ist die Eigenschaft der Rechtsbegriffe Zweckbegriffe [2]) zu sein. Dem-

---
1) v. Jhering a. a. O. S. 491. „Der Maasstab, nach dem der Gesetzgeber diesen Charakter des Verbrechens bemisst, ist nicht die concrete Gefährlichkeit der einzelnen Handlung, sondern die abstracte der ganzen Categorie von Handlungen, ... ob die einzelne Handlung die Gesellschaft gefährdet oder nicht, ist vollkommen gleichgültig.

2) Sigwart, Logik. Tübingen, 1873. I 306.

gemäss kann eine Unterscheidung, welche rein logisch betrachtet vielleicht ohne Belang ist, für das Recht von Bedeutung sein. Es kommt also darauf an, nachzuweisen, dass innerhalb des Rahmens der allgemeinen Möglichkeit eine Verschiedenheit der Gestaltung derselben denkbar ist, die vom Standpunkte des Rechtes aus als eine **wesentliche** angesehen werden muss.

Nun ist für das die Rechtsgüter schützende und Angriffe auf dieselben ahndende Strafrecht von durchgreifender Bedeutung, in welchem Verhältnisse eine Handlung zur Möglichkeit eines Rechtsschadens steht, ob sie ihrem Allgemeinbegriffe nach mit einer näheren oder entfernteren Möglichkeit eines solchen verbunden ist, oder ob diese Möglichkeit eine erfahrungsmässig so verschwindend kleine ist, dass die Handlung den Charakter einer ungefährlichen annimmt. Giebt es doch kaum eine Handlung, welche nicht unter irgend welchen Verhältnissen sich zu einer gefährlichen herausbilden könnte! Jedes Schiessen, jedes Anzünden von Feuer beispielsweise, trägt, wenn man von den Umständen, unter denen die Handlung vorgenommen wird, vollständig absieht, die Möglichkeit eines Schadens in sich. Weil aber diese Möglichkeit unter gewissen Bedingungen eine verschwindend geringe zu sein pflegt, verliert die Handlung die Eigenschaft einer gefährlichen und wandelt sich in eine gefahrlose. Auf Grund der regelmässigen Erscheinungsform schlägt somit im Sinne des täglichen Lebens und des Rechtes die **quantitative** Verschiedenheit in eine **qualitative** um.

Wenden wir das Erörterte auf den Gegensatz des Gefährdungs- und Ungehorsamsdelictes an, so zeigt sich, dass das Gefährdungsverbrechen durch Handlungen gebildet wird, welche ihrer regelmässigen Erscheinungsform nach die **nahe** Möglichkeit eines rechtsverletzenden Erfolges in sich bergen, also Handlungen umfasst, die wenn auch individuell variirend, doch dem Gattungscharackter nach **gleichartig** sind. Das Polizeidelict umspannt hingegen theils Handlungen, welche die nähere oder entferntere Möglichkeit eines Schadens involviren, theils Handlungen, die im Hinblick auf die verschwindend kleine Möglichkeit eines solchen ihrem Gattungscharakter nach als gefahrlose erscheinen, — also sowohl gefährliche wie ungefährliche Handlungen, mithin solche, die g e n e r e l l betrachtet nicht g l e i c h a r t i g, sondern u n g l e i c h a r t i g sind. Der Gesetzgeber hat hier den Thatbestand des Delictes so allgemein bezeichnet, dass Handlungen verschiedenster Art unter denselben fallen. Mit dem Gefährdungsverbrechen ist also die generelle Gefahr stets verbunden, während sie beim Ungehorsamsdelicte bald mangelt, bald sich einstellt. Das Letztere umfasst Handlungen, die nur r e g e l m ä s s i g eine generelle Gefahr involviren und denen die Möglichkeit, eine Rechtsverletzung hervorzurufen, als ein allen gemeinsames Merkmal nur in d e m Sinne zukommt, dass man nicht bloss von der i n d i v i d u e l l e n Gestaltung der einzelnen Fälle, sondern auch von dem g e n e r e l l e n Charakter der verschiedenen Handlungen, — mithin von w e s e n t l i c h e n Unterscheidungen absieht (a b s t r a c t e Möglichkeit).

Die generelle und die abstracte Möglichkeit sondern sich demnach durch das Mass der stattfindenden Abstraction von einander. Bei der ersteren sehen wir lediglich von den individuellen Merkmalen des concreten Falles ab, bei der letzteren nicht bloss von diesen, sondern auch von den Merkmalen der Gattung, welcher er als Species angehört, und deshalb lässt sich die abstracte Möglichkeit zutreffender als eine g a n z a b s t r a c t e bezeichnen. Dort bleiben wir im gewöhnlichen Rahmen der Begriffsbildung, hier dagegen werden die normalen Gränzen derselben überschritten. Wo uns sonst das Moment der Möglichkeit entgegentritt, ist dasselbe generell, nicht aber ganz abstract bestimmt. Schwerlich wird Jemand z. B. die Möglichkeit zwölf zu zu werfen so abstract ausdrücken, dass er sagt: mit zwei sechsseitigen Körpern ist es möglich zwölf zu werfen. Denn unter diesen Satz fielen ebensowohl würfelförmige Körper wie solche, welche vermöge ihrer unregelmässigen Gestalt verschiedene Verhaltungsweisen der einzelnen Fälle ausschliessen und demgemäss würde derselbe auf generell Verschiedenes bezogen werden. Damit verflüchtigte sich aber der Inhalt des Satzes der Art, dass er jegliche Brauchbarkeit im Hinblick auf den zu realisirenden Zweck einbüsste.

Auch auf dem Rechtsgebiete ist die generelle und nicht die ganz abstracte Fassung des Begriffs der Möglichkeit die normale Erscheinung. Es braucht in dieser Hinsicht nur an die oben erwähnten Begriffsbestimmungen der Handlungsfähigkeit, Zahlungsfähigkeit u. s. w. erinnert zu werden. Ganz abstract betrachtet ist jeder Mensch handlungsfähig und zahlungsfähig, nicht bloss derjenige, der die Tragweite seiner Handlung zu erkennen und frei sich selbst zu bestimmen vermag, bzw. im Stande ist, überhaupt seinen Zahlungsverbindlichkeiten nachzukommen. Wenn wir ferner bei den Verbrechen des Meineides und des Widerstandes gegen die Staatsgewalt die abstracte Zuständigkeit der concreten gegenüberstellen und zur Strafbarkeit der Handlung nur erfordern, dass die Behörde, welche den Eid abnahm oder die Anordnung traf ü b e r h a u p t zur Abnahme von Eiden oder zu derartigen Anordnungen competent war, mag auch im gegebenen Falle die Abnahme des Eides, das Erlassen der Anordnung nicht gerechtfertigt gewesen sein, so fassen wir auch hier das dem Begriffe der Zuständigkeit zu Grunde liegende Moment der Möglichkeit in generell bestimmten Sinne auf. Denn ganz abstract betrachtet, von den durch die einschlägigen Gesetzen gegebenen wesentlichen Momenten abgesehen, kann jede Behörde zur Abnahme des Eides oder zur Anordnung einer derartigen Verfügung zuständig sein.

Ebenso vermag auch für die Begriffsbestimmung der Gefahr nur die g e n e r e l l e Möglichkeit massgebend zu sein. Der Natur jener Ungehorsamsdelicte entspricht es daher mehr, sie nicht selbst als gefährliche — in ganz abstractem Sinne —, sondern als bloss **regelmässig** oder möglicher Weise gefährliche Handlungen zu bezeichnen.

Fassen wir den Gegensatz der erörterten beiden Delictsarten zusammen, so ist das unterscheidende Moment ihr Verhältniss zur **generellen** Gefahr. Beim Gefährdungsverbrechen ist diese ein **constantes**, bei der Uebertretung eines Ungehorsamsverbotes ein **wechselndes** Merkmal der Handlung. Zur Abgränzung beider Gruppen von einander darf dagegen nicht, wie zu geschehen pflegt, die concrete Möglichkeit verwendet werden [1]), denn bloss jene ist des Gefährdungsdelictes ständige, des Polizeidelictes regelmässige Begleiterin. Beide Arten von Delicten gleichen sich aber darin, dass der Eintritt oder Nichteintritt der concreten Gefahr, bezw. die Unmöglichkeit ihres Eintretens den Thatbestand unberührt lässt. Die Bedeutung dieser Erscheinungsformen der einzelnen Fälle ist indessen beim Gefährdungsverbrechen und beim Ungehorsamsdelicte eine durchaus andere. Dort erscheint das Ausbleiben des Erfolges resp. die Unmöglichkeit seines Eintretens in concreto dem Allgemeinbegriff der Handlung gegenüber stets als ein zufälliges Merkmal, hier dagegen charakterisirt sich dasselbe, entsprechend der wesentlich verschiedenen Natur der unter das Verbot fallenden Handlungen, bald gleichfalls als ein mehr oder minder zufälliges, bald — sofern die Handlung ihrem Gattungscharakter nach eine ungefährliche ist, — als ein nothwendiges Merkmal derselben. Und umgekehrt, während der Eintritt der Gefahr in concreto beim Gefährdungsverbrechen im Einklang mit der generellen Beschaffenheit der Handlung sich als mehr oder minder wahrscheinliche Folge derselben kennzeichnet, stellt er sich bei den regelmässig gefährlichen Handlungen bald ebenfalls als mehr oder minder voraussehbar, bald — bei der gefahrlosen Handlung — als rein zufällig dar.

---

[1] **Binding**, Normen I 47, 201 und Handbuch I 170; H. **Meyer** S. 14; v. **Liszt** S. 101.

Es erübrigt die eben besprochene Natur der Polizeidelicte an der Hand einiger Verbote zu beleuchten. Nehmen wir beispielsweise das bereits mehrfach erwähnte Verbot des übermässig schnellen Fahrens in Städten und Dörfern. Die unter diese Norm fallenden Handlungen weisen in der grossen Mehrzahl der Fälle die Möglichkeit einer Verletzung von Rechtsgütern als Merkmal auf. Diese kann je nach den Umständen, der Belebtheit der Strasse mit Menschen und Fuhrwerken, der grösseren oder geringeren Breite derselben u. dgl. eine entferntere oder nähere sein. Sie vermag sogar sich zu einer so nahen herauszubilden, dass die Handlung zu einer wirklich gefährdenden wird, so z. B., wenn die Pferde auf die eben die Strasse Ueberschreitenden heranstürmen. Andererseits kommen auch Fälle vor, in denen die Handlung der Gefährlichkeit entbehrt und menschlicher Voraussicht nach entbehren muss. Das übermässig schnelle Fahren trägt einen ganz ungefährlichen Charakter, wenn dasselbe nicht in einer fortwährend begangenen, sondern in einer menschenleeren und noch dazu breiten Strasse vor sich geht. Auch im letzteren Falle können wir uns freilich vorstellen, dass eine Gefahr eintritt, ja vielleicht ein Unglück sich ereignet, denn denkbar ist es allerdings, dass z. B. unversehens ein Mann aus einem Hause herausstürzt und, ohne sich umzuschen, so schnell über die Strasse läuft, dass der Kutscher die Pferde nicht mehr anzuhalten vermag und diese nun hart an dem Manne vorüberschiessen oder auch über ihn hinweggehen. Allein eine derartige Gestaltung des einzelnen Falles liegt vollständig ausserhalb aller vernünftigen Erwartung. Deshalb reden wir unter solchen Umständen von einem Zufall, während umgekehrt das Ausbleiben der Gefahr in concreto bei derartigen Handlungen ihrem generellen Charakter entsprechend sich nicht als eine zufälliges, sondern als ein nothwendiges Merkmal derselben darstellt.

Die wesentliche Verschiedenheit des Fahrens in einer völlig menschenleeren und in einer belebten Strasse tritt deutlich hervor, wenn wir uns das Verhältniss beider Handlungen zur Entstehung einer Gefahr vergegenwärtigen. Bei der ersteren sind wir genöthigt, um eine Gefahr zu erzeugen, die Situation vollständig zu verändern, wir müssen uns die räumliche Beziehung zu Menschen, also das gefahrbegründende Moment erst hinzu denken[1]). Bei der letzteren dagegen ist diese Beziehung bereits gegeben, mag sie im einzelnen Falle eine nähere oder entferntere und dementsprechend die Möglichkeit eines Schadens eine grössere oder geringere sein. Will man, wie der Gesetzgeber es thut, diese so verschieden gearteten Handlungen zu einem Allgemeinbegriff vereinigen, so darf man ihnen die Möglichkeit zu verletzen als ein für alle stets zutreffendes Merkmal nur dann zusprechen, wenn man von den wesentlichen Bedingungen der einzelnen Fälle absieht, ihnen daher nur die ganz abstracte Möglichkeit als Prädicat zuerkennen; berücksichtigt man dagegen die vorhandene wesentliche Verschiedenheit, so darf von ihnen bloss ausgesagt werden, dass sie nur regelmässig gefährlich sind.

Zu übersehen ist freilich nicht, dass die Gränze beider Gruppen hart an einander stösst und die Unterscheidung eine mehr oder minder fliessende ist. Es giebt daher Fälle, wo man zweifelhaft sein kann, ob die Möglichkeit schon eine so verschwindende ist, dass sie in die Gefahrlosigkeit umschlägt oder nicht, ob also die Handlung der einen oder der anderen Categorie angehört. Der bei so naher Nachbarschaft überaus leichte Uebergang der einen Categorie in die andere hat für den Gesetzgeber den Grund abgegeben, die Handlung überhaupt, die gefahrlose miteinbegriffen, unter Strafe zu stellen. Die Schwierigkeit der Gränzregulirung und das leichte Uebergehen einer Handlung aus dieser in jene Categorie und umgekehrt vermögen indessen nicht die

---

[1] „Der reine Ungehorsam und die verbotene Gefährdung unterscheiden sich dadurch, dass Letztere stets ihre Spitze einem rechtlich werthvollen Gute zuwendet, der Ungehorsam nicht selten aber nicht einmal ein solches Gut zu Gesichte bekommt, was er bei aller Anstrengung verletzen könnte". Binding, Normen I 48.

Richtigkeit der Unterscheidung als solche in Frage zu stellen, denn die nämliche Schwierigkeit tritt uns überall entgegen, wo quantitative Unterschiede sich in qualitative wandeln. Wenn wir dem unverzeihlichen Irrthum den verzeihlichen, der voraussehbaren Wirkung einer Handlung die zufällige gegenüberstellen, so legen wir gleichfalls unserer Beurtheilung einen solchen Grössenmaassstab zu Grunde. Etwas mehr oder etwas weniger und die Handlung fällt unter die eine oder die andere Categorie. Auch bei anderen criminalistischen Begriffen spielen quantitative, eine qualitative Verschiedenheit begründende Unterschiede eine Rolle. So kann beispielsweise die für Annahme eines Diebstahls oder einer Unterschlagung praejudicielle Frage, ob Jemand noch den Gewahrsam an einer Sache hat, von der grösseren oder geringeren räumlichen Entfernung desselben von der Sache abhängig sein, die grössere oder geringere Nähe der Gefahr ist entscheidend für das Erforderniss der „gegenwärtigen" Gefahr bei Nothwehr und Nothstand u. s. w.

Wie mit dem Verbot des übermässig schnellen Fahrens, so verhält es sich auch mit dem des Hetzens von Hunden auf Menschen. Hier wird gleichfalls in der Regel die entferntere oder nähere Gefahr einer Verletzung gegeben sein, aber auch hier sind Fälle denkbar, wo die Handlung die Natur einer gefahrlosen besitzt, so z. B. wenn der Hund, der gehetzt wurde, ein kleiner, vor Alter zahnloser ist und sich durch das Gegentheil eines angriffslustigen Charakters auszeichnet. Wollen wir in solch einem Fall von einer Gefährlichkeit der Handlung reden, so kann das nur in dem Sinne geschehen, dass wir dabei gerade die wesentlichen, gefahrbegründenden Momente, die körperlichen und anderen Eigenschaften des Hundes ausser Acht lassen.

Weitere Beispiele bilden die Strafbarkeit desjenigen, der trotz polizeilicher Aufforderung es unterlässt, Gebäude, welche den Einsturz drohen, auszubessern oder niederzureissen (D. Gb. § 367 Nr. 13), ferner das Schiessen an bewohnten oder von Menschen besuchten Orten ohne polizeiliche Erlaubniss (D. Gb. § 367 Nr. 8). Das unverändert Stehenlassen eines derartigen Gebäudes, das Schiessen an den bezeichneten Orten enthält sicherlich in der grossen Mehrzahl der Fälle eine gewisse Gefährlichkeit, ja die Handlung kann sich unter Umständen zu einer wirklich gemeingefährlichen steigern, wenn z. B. Menschen sich in dem Hause befinden oder wenn die Schusslinie von Spaziergängern gekreuzt wird. Ebensowohl ist es aber auch möglich, dass die Handlung ihrem ganzen Charakter nach eine durchaus gefahrlose ist, so z. B. wenn das Haus ein nicht bewohntes und in einem Garten oder auf einer Wiese belegenes ist, oder wenn der Handelnde auf einen alleinstehenden Baum in einem öffentlichen Park ins Ziel schiesst, während weit und breit Niemand zu sehen ist. Die Handlung kann eine verbotene sein, ist aber ebenso nothwendig ungefährlich wie wenn Jemand sie z. B. das Schiessen unter denselben Umständen auf seinem Landgute, somit erlaubter Weise, vornimmt. Auch hier kann also die Handlung nur unter Weglassung ihrer wesentlichen Merkmale, insbesondere der mangelnden räumlichen Beziehung zu Menschen, als eine gefährliche bezeichnet werden.

Die verschiedene Gestaltung des Gefahrmomentes bei den Gefährdungsverbrechen einerseits und den regelmässig gefährlichen Handlungen andererseits findet mitunter schon in der Formulirung der Thatbestände seitens des Gesetzgebers ihren klaren Ausdruck. So z. B. bei dem Gefährdungsdelict des Bauens wider die allgemein anerkannten Regeln der Baukunst (D. Gb. § 330) im Gegensatz zu den bloss baupolizeilichen Vergehen (D. Gb. § 367 Nr. 14 u. 15). Dort sagt der Gesetzgeber: „wer bei Leitung oder Ausführung eines Baues wider die allgemein anerkannten Regeln der Baukunst d e r g e s t a l t h a n d e l t, d a s s h i e r a u s f ü r a n d e r e G e f a h r e n t s t e h t . . .", während er hier schon denjenigen für verantwortlich erklärt, der Bauten ohne die von der Polizei verordneten oder sonst erforderlichen Sicherheitsmassregeln zu treffen, vornimmt oder eigenmächtig von dem behördlich genehmigten Bauplan abweicht. Der Unterschied, dass dort die wirkliche, die generelle Gefahr zum Thatbestand erfordert wird, hier aber bereits die mögliche, die ganz abstracte genügt, tritt schon in der Wortfassung deutlich zu Tage[1]). Meist muss freilich der Charakter eines Verbrechens als Gefährdungsdelict erst aus der Betrachtung der Thatbestandsmerkmale erschlossen werden. Indirect ergiebt sich indessen stets auch aus der Formulirung des Verbrechensbegriffes, dass ein Gefährdungsdelict vorliegt, denn erst die Auslassung von **wesentlichen**, der gerade die generelle Gefahr erzeugenden Momente vermag ein Gefährdungsverbrechen in die Uebertretung eines Ungehorsamsverbotes zu verwandeln. So gestaltete sich die Aussetzung erst dann zum Polizeivergehen, wenn nicht mehr das Verlassen hülfloser Personen in hülfloser Lage, sondern bereits das Verlassen hülfloser Personen überhaupt, den Thatbestand erfüllte, ebenso würde der Zweikampf zur abstract gefährlichen Handlung erst dann, wenn der Gesetzgeber unter Ausscheidung des Erfordernisses der Tödtlichkeit der benutzten Waffen, den Zweikampf mit Waffen ganz untersagte, also auch jedes Fechten mit Strafe bedrohte.

Der Gegensatz des Gefährdungsverbrechens und der regelmässig gefährlichen Handlung auf der **objectiven** Seite, spiegelt sich auf der **subjectiven** wieder. Zum vorsätzlichen Gefährdungsdelict gehört das Bewusstsein von der Rechtsgüter bedrohenden Eigenschaft der Handlung[2]). Dieses Bewusstsein ist auch dann vorhanden, — und das beweist deutlich, dass die **generelle** Gefahr dem Gefährdungsverbrechen zur Basis dient — wenn die Möglichkeit einer Verletzung im concreten Falle mangelte. Die jungen Leute, welche einen dem Anschein nach ganz hülf-

---

[1]) Vgl. auch die bei den Uebertretungen vorkommenden Ausdrücke: „dass daraus Gefahr für Andere entstehen kann" (D. Gb. § 367 Nr. 12), „gefährlich werden kann" (D. Gb. § 367 Nr. 6), „Schaden anrichten können" (D. Gb. § 366 Nr. 5), „Jemand beschädigt werden kann" (D. Gb. § 366 Nr. 8) u. s. w.

[2]) **Binding**, Normen II 456.

losen Betrunkenen aus der Kneipe in eine hülflose Lage verbringen, der Duellant, dessen Kugel dem Gegner vor die Füsse fällt, sollte ihnen das Bewusstsein der drohenden Gefahr gemangelt haben? Bei der regelmässig gefährlichen Handlung hingegen ist der Vorsatz im Einklang mit der möglichen Verschiedenheit der objectiven Seite ebenfalls durchaus divergirend geartet. Je nach den Umständen besitzt der Thäter bald das Bewusstsein, eine mehr oder minder gefährliche Handlung vorzunehmen, bald im Gegentheil das Bewusstsein, dass, vom Zufall abgesehen, seine Handlung keine schädlichen Folgen haben könne und werde, nicht bloss in diesem, sondern in allen analog beschaffenen Fällen. Also nur das Bewusstsein eines blossen Ungehorsams, einer Auflehnung gegen das Rechtsverbot wird bei ihm vorhanden sein.

Zum Abschluss der vorstehenden Erörterungen über die Verwerthung des Momentes der Gefahr bei jenen beiden Delictsgruppen, mag ein Rechtsfall aus der Praxis des deutschen Reichsgerichts, der nach mehrfachen Richtungen hin Streiflichter auf das Wesen der Gefahr fallen lässt, hier Platz finden. Der Thatbestand ist folgender[1]):

Dem in der Richtung von Berlin nach Königsberg fahrenden Kurierzug Nr. 1 soll fahrplanmässig der Güterzug Nr. 315 von der Station Konitz aus folgen, sobald jener die auf der Strecke Konitz-Rittel liegende Blockstation 249 passirt hat. Von der stattgehabten Durchfahrt soll die Blockstation 249 nach Konitz telegraphisch Nachricht geben, worauf erst der Güterzug 315 das Abfahrtssignal erhält. Der Kurierzug Nr. 1 legt die Strecke vom Bahnhof Konitz bis zur Blockstation 249 regelrecht in 5 Minuten zurück; der Güterzug geht regelmässig 6 Minuten später als der Kurierzug ab. Am 16. October 1882 hatte der Kurierzug Nr. 1 Konitz 4 Uhr 14 Minuten Nachmittags verlassen. Er blieb aber dicht vor Station Nr. 248 (etwa 2 Kilometer von der

---

1) RG. II v. 11. März 1884 E, X 173.

Blockstation Nr. 249) liegen, weil die Maschine defect geworden war. Als 15 Minuten nach Abgang des Kurierzuges das Abfahrtssignal für den Zug Nr. 315 noch nicht gegeben war, machte der Angeklagte D., welcher in Vertretung des erkrankten Stationsvorstehers als Stationsvorsteher auf dem Bahnhof in Konitz fungirte, dem auf dem Telegraphenbureau im Dienste befindlichen Angeklagten A. Vorwürfe, dass dieser noch nicht die Blockstation über den Verbleib des Kurierzuges Nr. 1 gerufen hätte. A. entschuldigte sich damit, dass er sich mit der Station nicht verständigen könnte. In diesem Augenblicke schlug aber der Apparat wieder an, und A., der an demselben stand, erklärte: „Jetzt kommt eine Depesche, der Zug ist jetzt durch, jetzt werde ich läuten." D. erklärte sein Einverständnis. Das Abfahrtssignal wurde gegeben. Zug Nr. 315 setzte sich in Bewegung. Die erwähnte Depesche war nicht von der Blockstation Nr. 249 abgegangen, vielmehr auf der Zwischenstation (Wärterbude) Nr. 248 von dem Zugführer des Kurierzuges abgegeben. Sie sollte melden, dass der Kurierzug auf der Strecke liegen geblieben war, war aber in der Hauptsache unleserlich, nur die Worte „Zug Nr. 1" waren zu lesen. Als sich Zug Nr. 315 in Bewegung setzte, erhielt A. von der Blockstation die telegraphische Nachricht von dem Liegenbleiben des Kurierzuges. Sofort liess D. durch A. das Alarmsignal geben, das Zeichen für alle Beamten der Strecke, den Zug Nr. 315 anzuhalten. Der Bahnwärter W. aus Wärterbude 247 bemerkte das Halten des Zuges Nr. 1 und hörte auch das Fahrsignal für den Zug Nr. 315. Er lief mit der rothen Fahne in der Hand dem Zuge Nr. 315 entgegen. Der Zugführer dieses Zuges, durch das lange Ausbleiben des Ausfahrtssignals besorgt gemacht, hatte dem Locomotivführer des Zuges den Befehl ertheilt, vorsichtig zu fahren. Nachdem der Zug kaum mit der Spitze den Bahnhof verlassen hatte, sahen die Beamten des Zuges schon den Bahnwärter W. mit der rothen Fahne. Der Zug Nr. 315 wurde noch vor Station 247, mehr als 2 Kilometer vor der Stelle, wo der Kurierzug lag, zum Stehen gebracht und dann auf den Bahnhof Konitz zurückgedrängt.

Auf Grund dieses Sachverhaltes stellte das Untergericht zwar eine Pflichtverletzung des Angeklagten A. fest, weil er versäumt habe, nach Empfang der ersten unleserlichen Depesche bei der Blockstation Nr. 249 anzufragen, sprach ihn aber von der Anklage wegen Gefährdung eines Eisenbahntransportes (D. Gb. § 316) frei, weil es eine Gefährdung des einen wie des anderen Zuges nicht für erwiesen erachtete. Dieser Nachweis wird vermisst, weil einmal der Zug Nr. 315 bei hellem Tageslicht abfuhr und schon vor völligem Verlassen des Bahnhofes zum Stehen gebracht wurde, weil er nach Ertheilung des Alarmsignals voraussichtlich rechtzeitig augehalten worden wäre und endlich jedenfalls die Beamten des Zuges Nr. 315, welche schon besorgt waren und daher vorsichtig fuhren, den anderen Zug sehen mussten und deshalb rechtzeitig halten konnten.

Das Urtheil wurde von der Staatsanwaltschaft angefochten, welche der Ansicht war, die Züge seien schon in dem Augenblicke gefährdet gewesen, als der Güterzug auf dem Bahnhof Konitz sich in Bewegung gesetzt habe, die mehr oder minder grosse Wahrscheinlichkeit aber, dass der Zusammenstoss gehindert und die bereits eingetretene Gefährdung wieder beseitigt werden könnte, berechtige nicht zur Annahme, dass eine Gefährdung überhaupt nicht vorgelegen habe.

Nichtsdestoweniger hat das Reichsgericht der Revision keine Folge gegeben. Die Gründe des Urtheils sind für die Begriffsbestimmung der Gefahr nach mehrfachen Richtungen von Interesse. Dasselbe präcisirt zunächst in zutreffender Weise das Verhältniss des Gefährdungsverbrechens zu den abstract gefährlichen Handlungen, indem es ausführt: Zur Annahme einer Gefahr genügt nicht die blosse, vielleicht noch so entfernte Gefahr, dass in Folge einer Handlung ein Schaden eintrete. Hätte der Gesetzgeber die b l o s s e M ö g l i c h k e i t für ausreichend erachtet, so hätte er in

§ 316 Abs. 2 von dem Begriffsmerkmale der Gefahr absehen können, denn es lässt sich kaum eine Pflichtverletzung der dort bezeichneten Eisenbahnbeamten denken, welche nicht in abstracto die Möglichkeit eines Schadens mit sich bringt. Andererseits weist das Urtheil darauf hin, dass das Gesetz nicht einen hohen oder überhaupt einen bestimmten Grad von Wahrscheinlichkeit verlangt, die Frage, ob eine Gefahr als vorhanden anzunehmen ist, daher nur unter Erwägung aller Umstände des einzelnen Falles entschieden werden kann. Dabei darf auch berücksichtigt werden, dass der pflichtwidrig handelnde Beamte auf das hemmende Eingreifen anderer Beamten rechnen konnte. Im vorliegenden Falle hat der erste Richter das entscheidende Gewicht auf die räumliche Entfernung der beiden Züge von einander gelegt. Wenn er dabei zugleich die dem Eintritt des Schadens entgegenwirkende Thätigkeit verschiedener Personen berücksichtigt hat, so urtheilt er nicht rechtsirrthümlich, denn er geht davon aus, dass durch diese Thätigkeit die Enstehung einer Gefahr, nicht der schädliche Erfolg einer schon entstandenen Gefahr abgewendet worden ist.

Dem Reichsgericht ist gewiss darin beizustimmen, dass hier nicht die Beseitigung einer bereits existent gewordenen Gefahr, sondern der Nichteintritt einer solchen in Frage kommt. Erscheint jedoch nicht das Ausbleiben der Gefahr im Verhältniss zu dem Allgemeinbegriff der Handlung als ein zufälliges Merkmal? Hätte nicht deshalb, den oben erörterten Grundsätzen zu Folge, gerade Verurtheilung wegen Gefährdung eines Eisenbahntransportes erfolgen müssen?

Der Standpunkt des Reichsgerichts erweist sich indessen bei genauerer Erwägung als correct. Wir nehmen tagtäglich Handlungen vor, welche die Fähigkeit besitzen, sich zu gefährlichen herauszubilden [1]), sie mögen selbst die nahe Möglichkeit eines Schadens enthalten, trotzdem bleiben sie

---

1) Vgl. auch Binding, Normen I 43.

ungefährliche, sofern wir in der Lage sind, selbst die entstehende Gefahr im Keime zu ersticken oder auf das hemmende Eingreifen Anderer mit Sicherheit rechnen können. Das Ausbleiben der Gefahr ist unter solchen Umständen nicht ein zufälliges, sondern ergiebt sich aus der Sachlage mit Nothwendigkeit. Solange wir sei es selbst der Gefahr das Gegengewicht halten sei es mit Bestimmtheit erwarten dürfen, dass Andere sich ihr entgegenstellen werden, vermag sie gar nicht zu entstehen. Die Handlung bleibt, mag sie noch so sehr nach der Gefährdung zu gravitiren, eine ungefährliche. So sind also diese näheren Bedingungen von erheblicher Bedeutung, ihr Vorhandensein verwandelt die Handlung in eine gefahrlose und lässt ihr nur den Charakter ganz abstracter Gefährlichkeit. Aus diesem Grunde ist z. B. die Aussetzung, wie allgemein anerkannt wird, solange nicht in das Stadium der Gefährdung eingetreten und ihr Thatbestand daher nicht erfüllt, als der sich des Kindes Entledigende die räumliche Trennung von demselben nicht vollzogen hat, sondern abwartend in der Nähe bleibt, weil er solange noch in der Lage ist, entstehenden Gefahren die Spitze abzubrechen. Ebenso ist auch in dem Eisenbahnfalle eine Handlung vorhanden, bei der zwar die nahe Möglichkeit eines Schadens gegeben ist, die aber durch die Möglichkeit des Entgegenwirkens in Schach gehalten wird. Der Angeklagte war in der Lage, mit Sicherheit darauf rechnen zu können, dass bevor eine Annäherung der beiden Züge erfolgte, ein hemmendes Eingreifen von Seiten des Bahnwärterpersonals in Folge des Allarmirens stattfinden werde. Anders wäre der Fall beschaffen, wenn er nicht die Möglichkeit gehabt hätte, durch das Allarmsignal auf das Wärterpersonal einzuwirken, sondern ausschliesslich auf die Vorsicht des Zugpersonals angewiesen gewesen wäre. Dann durfte er nicht mit Sicherheit auf ein hemmendes Eingreifen rechnen, denn, wenn die Beamten des Zuges auch durch das lange Ausbleiben des Abfahrtssignals besorgt geworden waren, so konnte das schliessliche Erfolgen desselben sehr wohl ihre Besorgniss zerstreuen und in ihnen die Meinung hervorrufen, die Bahn sei nun frei, sie daher vielleicht gerade zu einem unvorsichtigen und schnelleren Fahren, um die versäumte Zeit nachzuholen, veranlassen. Ob Jemand mit Sicherheit auf die unterstützende Thätigkeit Dritter rechnen darf oder nicht, hängt von den allgemeinen Grundsätzen ab. Ist er jedoch hiernach befugt, sich auf Andere zu verlassen, so wird die Handlung zu einer ungefährlichen. Damit ergiebt sich ein wichtiges Princip für die Abgränzung der generell gefährlichen Handlung, insbesondere des Gefährdungsverbrechens von der nur ganz abstract gefährlichen: Eine Handlung ist eine gefahrlose nicht bloss, wenn die Möglichkeit des Schadens sich als eine ganz entfernte darstellt, sondern auch dann, wenn sie eine nahe ist, aber sei es durch den Handelnden selbst sei es durch Andere, auf deren hemmendes Eingreifen er mit Sicherheit zählen darf, paralysirt wird. Die mögliche Ursache entfaltet sich nicht zur wirklichen, so lange ihr eine Gegenursache gegenüber steht.

Nicht immer freilig vermag eine Gegenursache die Gefahr vollständig aufzuheben, zuweilen ist sie nur derartig beschaffen, dass sie bloss die Intensität jener verringert und einer Handlung, welche sonst die Möglichkeit eines leichteren und eines schwereren Erfolges in sich schliesst, die Fähigkeit den letzteren hervorzubringen benimmt, sodass nur der Eintritt des leichteren als möglich erscheint. Dieser Gesichtspunkt führt zu der vielbestrittenen Frage nach der Strafbarkeit der studentischen Schlägermensuren in Deutschland. Die bei diesen üblichen Schutzmassregeln lassen es zweifelhaft erscheinen, ob sie in Folge dieses Umstandes aus dem Gebiete des strafbaren Zweikampfes ausscheiden oder trotz desselben als Zweikampf mit tödtlichen Waffen zu ahnden sind. Die letztere Ansicht, welcher neuerdings die Autorität des Reichsgerichts zur Seite steht [1]), meint

---

[1]) RG. Vereinigte Strafsenate 6. März 1883. E. VIII 87.

den Begriff der tödtlichen Waffe ohne jede Rücksichtnahme auf die Umstände ihrer Anwendung bestimmen zu müssen, fasst mithin denselben in ganz abstractem Sinne auf. Allein diese Anschauung führt nicht nur zu der Consequenz, dass auch ein Zweikampf mit geschliffenen Schlägern, bei dem die beiden Gegner sich in alten Ritterrüstungen von oben bis unten gepanzert gegenüber standen, als Zweikampf mit tödtlichen Waffen zu strafen wäre [1]), sondern ist auch mit den Regeln der juristischen Begriffsbildung nicht vereinbar. Der Begriff der „tödtlichen" Waffe ist ein Zweckbegriff und bezieht sich demgemäss auf die Verwirklichung eines Zweckes durch reale Mittel. Die Erreichbarkeit desselben ist aber gleichermassen durch die äusseren Umstände, unter denen die Anwendung des Mittels erfolgt, wie durch die Eigenschaften, welche dieses selbst besitzt, bedingt. Sind daher gewisse Schutzvorkehrungen erfahrungsmässig im Stande, die tödtliche Wirkungsfähigkeit der Waffe der Art zu verringern, dass in jedem solchen Falle der Eintritt des Todes oder auch nur einer schweren Körperverletzung in hohem Grade unwahrscheinlich wird, so wechselt die Waffe ihren Gattungscharakter und verliert die Eigenschaft einer tödtlichen. Der Process in der Begriffsbildung, der hier vor sich geht, ist genau derselbe, wie der oben bei der Gefährlichkeit einer Handlung geschilderte[2]). Wie eine Handlung, wenn sie unter gewissen Bedingungen nur noch die ganz entfernte Möglichkeit eines Schadens in sich birgt, sich aus einer gefährlichen in eine gefahrlose wandelt, so schlägt auch hier generell betrachtet die quantitative Verschiedenheit in eine qualitative um und die tödtliche Waffe sinkt zur nichttödtlichen herab.

Eine Analogie zu der tödtlichen Waffe bietet der tödtliche Streich. Wenn ein Cavallerist im Gefecht mit seinem Säbel zu einem Hiebe gegen den nur mit einer Mütze bedeckten Kopf eines Infanteristen ausholt, so reden wir, auch

---

[1] Hälschner III 591 N. 1.
[2] S. 16.

wenn der Angegriffene der erhaltenen Wunde nicht erlag oder, dank dem Umstande, dass ein dritter den Hieb auffing, überhaupt nicht getroffen wurde, dennoch von dem Führen eines tödtlichen Streiches, weil generell die nahe Möglichkeit einer tödtlichen Verletzung gegeben war. Niemand aber wird von einem geführten tödtlichen Streiche sprechen, wenn der Hieb sich gegen den Metallhelm eines Kuirassiers richtete, weil dann jener Erfolg generell als ausgeschlossen erscheint. Und doch ist der Streich in beiden Fällen der gleiche und seine Eigenschaften sind in abstracto die nämlichen. Sowenig aber der Streich, der mit den Waffen geführt wird, ein tödtlicher ist, wenn er nicht tödtlich zu wirken vermag, ebensowenig ist auch diese selbst eine tödtliche, wenn sie den Tod nicht herbeiführen kann.

Die erforderlichen Schutzvorkehrungen vorausgesetzt, erfüllen demnach jene Duelle nicht den Thatbestand des Zweikampfes mit tödtlichen Waffen, weil sie keine Gefährdung des Lebens involviren[1]) und die benutzten Waffen demgemäss sich nicht als tödtliche darstellen. Was in solchen Fällen nachbleibt, ist lediglich eine gegenseitige Leibesgefährdung. Diese zu strafen hat aber der Gesetzgeber ebensowenig ein Interesse, wie andere gegenseitige Gefährdungen der Körperintegrität, z. B. den Ringkampf, das Boxen u. s. w. zu ahnden. Ein practisches Bedürfniss nach strafrechtlicher Reaction tritt erst dann ein, falls wider Erwarten das Ergebniss des Duelles nicht lediglich auf die Leibesgefährdung oder auf unbedeutende Verletzungen beschränkt blieb, sondern ein schwererer Erfolg aus demselben resultirte. Eine solche Behandlung jener Zweikämpfe erscheint um so näher liegend, als sie der des Raufhandels, eines dem Zweikampf juristisch in mehrfacher Hinsicht verwandten Delicts entspricht. Dieses ist, obgleich es generell betrachtet stets eine Lebensgefährdung in sich schliesst, dennoch als solches straflos und verfällt dem Strafgesetze nur dann, wenn durch den-

---

1) Sehr richtig macht Hälschner III 950 darauf aufmerksam, dass dementsprechend den Duellanten auch der Vorsatz, das Leben zu gefährden, mangelt.

selben der Tod oder eine schwere Körperverletzung eines Betheiligten verursacht worden ist. So stellen also jene Schlägermensuren einen straflosen Zweikampf dar, aber freilich einen Zweikampf, der bis auf die Tödlichkeit der Waffen alle Merkmale mit dem strafbaren theilt. Treten daher wider Erwarten schwere Gesundheitsbeschädigungen oder gar der Tod eines Duellanten ein, so sind diese Verletzungen als Verletzungen im Zweikampfe zu beurtheilen. Der Umstand, dass sie nicht voraussehbar waren, die Waffe mithin nur z u f ä l l i g zu einer tödlichen wurde, hindert, wie weiterhin darzulegen sein wird, die Bestrafung nicht.

II.

Kehren wir zur Betrachtung der einzelnen Gefährdungsverbrechen zurück, so reihen sich den Delicten gegen die Rechtsgüter der Einzelpersönlichkeit die wider das Vermögen gerichteten an. Zu diesen zählt die Mitnahme von Contrebande an Bord eines Schiffes, welche die Gefahr einer Beschlagnahme oder Confiscation des Schiffes oder der Ladung hervorruft (D. Gb. § 297). Bei weitem wichtiger jedoch ist das andere hierher gehörige Delict, dessen spröder Stoff freilich der Construction nicht geringe Schwierigkeiten bereitet — der sog. e i n f a c h e B a n k e r o t t. Derselbe stellt sich seiner rechtlichen Natur nach als eine vorsätzliche oder fahrlässige Gefährdung des Vermögens der Gläubiger dar[1]). Wer durch Aufwand, Spiel oder Differenzhandel übermässige Summen verbraucht, oder schuldig wird, gefährdet dadurch das Vermögen seiner Gläubiger, mag auch im gegebenen Falle die Gefahr nicht eingetreten sein oder nicht haben eintreten können, so z. B. wenn sich hinterher heraus-

---

[1]) Dass beim einfachen Bankerott auch Vorsatz vorliegen kann, wird häufig übersehen. Richtig H ä l s c h n e r II 415.

stellt, dass das Vermögen des Gemeinschuldners ein bedeutend grösseres war, als allgemein angenommen wurde und ihm selbst bekannt war, der Aufwand oder Verlust also, weil nicht übermässig, die Gläubiger gar nicht gefährden konnte. Desgleichen enthält auch die unterlassene oder unordentliche Führung der Handelsbücher oder die unterlassene Ziehung der Bilanz u. s. w. seitens eines Kaufmanns eine wirkliche Gefährdung, dort weil der Nachweis der bestehenden Forderungen erschwert, vielleicht unmöglich gemacht wird, hier weil der Kaufmann, der keine Uebersicht über den Stand seines Vermögens besitzt, Gefahr läuft, Verbindlichkeiten einzugehen, welche seine Kräfte übersteigen und damit das Vermögen seiner Gläubiger bedroht. Man kann zwar geneigt sein, diese Handlungen für nur regelmässig gefährliche zu halten, erwägt man aber, dass das Gesetz nicht auch den Privatmann, sondern lediglich den Kaufmann dabei im Auge hat sowie dass bei diesem, dem ganzen Charakter des kaufmännischen Geschäftes gemäss das Vorliegen von Schuldverbindlichkeiten Anderen gegenüber ein constantes Merkmal seiner Thätigkeit bildet, so erscheinen jene Handlungen und Unterlassungen in der That im Lichte generell gefährlicher. Freilich wird die Gefährdung des Vermögens der Gläubiger nicht in ihrem gesammten Umfange vom Gesetzgeber für strafbar erklärt. Er bedroht nicht etwa ganz allgemein denjenigen, der durch Aufwand, Spiel oder durch die Art und Weise seiner Geschäftsführung oder der eingegangenen Geschäfte Gefahr für seine Gläubiger hervorruft, sondern er greift in casuistischer Weise verfahrend nur die praktisch bedeutsamsten Handlungen heraus, manche vielleicht nicht minder gefährliche, wie z. B. das leichtfertigste Anlegen von Geld in gewagten Unternehmungen bei Seite lassend.

Allein auch die einzelnen vom Gesetzgeber hervorgehobenen Handlungen sind nicht als solche strafbar, — und darin zeigt sich eine Eigenthümlichkeit des Vergehens, welche die richtige Auffassung desselben erschwert —, sondern nur für den Fall, dass ihnen die Zahlungseinstellung oder Concurseröffnung gefolgt ist[1]). Die in diesen Thatsachen liegende momentane Beeinträchtigung der Gläubiger, braucht keineswegs zu einer wirklichen Vermögensschädigung derselben zu führen[2]), sie kann sich auch als zeitweilige Geschäftsstockung darstellen, somit einen mehr **formellen** Charakter tragen. Sie muss aber hinterher eingetreten sein, wenn die Handlung Strafe nach sich ziehen soll. Dieses Zusammentreffen ist, wie allgemein anerkannt wird, als ein zeitliches Nach-einander, nicht als ein ursächliches Durcheinander aufzufassen. Der einfache Bankerott bleibt daher strafbar sowohl, wenn die Zahlungseinstellung bezw. die Concurseröffnung zwar in causalem Verhältnisse zu einer der im Gesetz namhaft gemachten Handlungen steht, ihr Eintritt aber nicht voraussehbar war, als auch dann, wenn dieselbe aus einer anderen Handlung des späteren Gemeinschuldners entstand oder von seinem Thun unabhängig, aus anderen Ursachen hervorging[3]), so z. B. durch das ganz unerwartete Falliren eines befreundeten Geschäftshauses bewirkt wurde. Die Handlung büsst also ihre Natur als eine strafbare nicht dadurch ein, dass der Eintritt des nachfolgenden Ereignisses sich in dem einen oder anderen Sinne als zufällig darstellt.

Diese auffallende Thatsache verliert ihren befremdlichen Charakter, wenn man sie nicht isolirt, sondern im Zusammenhang mit analogen Erscheinungen betrachtet. Da ist vor Allem ein bisher unerörtert gebliebenes Gefährdungsdelict wider Leib und Leben, der Raufhandel (D. Gb. § 227). Derselbe steht als solcher nur dann unter Strafe, wenn durch

---

1) bezw. derselben vorausgegangen ist. Das zeitliche Verhältniss der beiden Momente, ob das eine vor oder nach dem anderen eintritt, ob also die Gefahr der momentanen Benachtheiligung vorausging oder nachfolgte, ändert indessen nichts wesentliches in der juristischen Construction des Delictes.

2) Merkel in v. Holtzendorff's Handbuch III 820.

3) „Allein so wie das Gesetz lautet, beschränkt es sich darauf, alle Handlungen, in welchen der ursächliche Zusammenhang nicht bewiesen, nicht vorhanden oder sogar unmöglich ist, mit denjenigen, in welchen er nachweisbar besteht, unter ein und dieselbe Strafbestimmung zu stellen". Seeger, über den Zusammenfluss des einfachen und des betrügerischen Bankerottes, in G. A. XX 1872 S. 144.

ihn der Tod eines Menschen oder eine schwere Körperverletzung verursacht worden ist[1]). Trat aber ein solcher Erfolg ein, so trifft auch denjenigen Strafe, mit dessen Thun die Verletzung nicht in ursächlichem Zusammenhang stand. — Die nämliche Construction des Thatbestandes findet sich bei zwei anderen Vergehen, welche zwar nicht Gefährdungsdelicte im eigentlichen Sinne darstellen, denselben aber nahe verwandt sind. Das D. Gb. § 139 straft in gewissem Umfang die unterlassene Anzeige bevorstehender Verbrechen, wenn der Unterlassende zu einer Zeit, in welcher die Verhütung des Verbrechens möglich war, glaubhafte Kenntniss erhalten hatte, sofern das Verbrechen oder ein strafbarer Versuch desselben begangen wurde[2]). Die Erstattung der Anzeige hätte unter den vorausgesetzten Umständen wahrscheinlich die Verhinderung des Delictes zur Folge gehabt[3]). Wenn der Thäter nun die Anzeige unterlässt, so befördert er die Begehung des Verbrechens und vergrössert damit die der Rechtswelt drohende Gefahr[4]). Auch hier also wird erfordert, dass der Handlung ein bestimmter Erfolg zeitlich

---

1) Die Behandlung des Raufhandels im D. Gb. ist eine etwas complicirte. Der Raufhandel als solcher ist ein Gefährdungsdelict, denn eine Schlägerei, d. i. „ein in Thätlichkeiten ausgebrochener Streit von mehr als zwei Personen" schliesst ihrer regelmässigen Erscheinungsform nach, also generell die Möglichkeit schwerer oder tödlicher Verletzungen in sich, mag sie auch ausnahmsweise in gutartiger Gestalt auftreten, sodass die Gefahr solcher Verletzungen nicht entstand und nicht entstehen konnte. Der Gesetzgeber stellt nun das Gesammtgebiet des Delictes nur für den Fall unter Strafe, dass ein derartiger Erfolg eintrat. Hiervon abgesehen bedroht er bloss in § 367 Nr. 10 gewisse besonders gefährliche Fälle des Raufhandels, so wenn Jemand sich dabei einer Waffe, eines Messers u. s. w. bedient, und zwar lediglich mit einer Uebertretungs-Strafe, eine Strafe, welche in keinem Verhältniss zu der hohen Gefährlichkeit der Handlung steht. Von der Reichstagscommission war eine Gefängniss - Strafe beantragt worden. Olshausen, § 227 N. 1 u. 3.

2) Anders D. Sprengstoffgesetz v. 9. Juni 1884, welches in § 13 die unterlassene Anzeige ohne diese Einschränkung bedroht.

3) Binding, Handbuch I 590 N. 7.

4) Weil die unterlassene Anzeige ein Gefährdungsdelict, wenn auch in einem weiteren Sinne genommen, darstellt, ist, wie Binding, Handbuch I 359 mit Recht hervorhebt, eine Concurrenz zwischen ihr und einer Theilnahme an dem geplanten Verbrechen undenkbar. Das Gefährdungsdelict würde bei einer Betheiligung an dem Verbrechen selbst in das Verletzungsdelict aufgehen, weil das erstere dem letzteren subsidiär ist. Vgl. Binding a. a. O. S. 358.

nachfolge, von dem Erforderniss eines ursächlichen Zusammenhanges aber ebenfalls abgesehen. Die unterlassene Anzeige bleibt strafbar, auch wenn sie die Verübung des geplanten Verbrechens in concreto nicht gehindert hätte und nicht hätte hindern können[1]). Dass aber dem Thatbestande, dem Charakter eines Gefährdungsdelictes entsprechend, die generelle, nicht die ganz abstracte Möglichkeit zu Grunde liegt, erhellt daraus, dass die Kenntniss von dem bevorstehenden Verbrechen eine **glaubhafte** gewesen sein muss. — Ferner ist die absichtliche Anreizung zum Zweikampfe strafbar, falls der Zweikampf stattgefunden hat (D. Gb. § 210). Die Anreizung zur Begehung eines Verbrechens ist ein dem Gefährdungsverbrechen sehr nahe stehendes Delict. Während der Anstifter den rechtswidrigen Entschluss des Angestifteten verursacht[2]), so befördert der Anreizer nur die Fassung eines solchen. Die Anreizung gefährdet also die Beobachtung des betreffenden Verbots von Seiten desjenigen, auf den eingewirkt wird. Strafbar ist auch hier die Handlung bloss, wenn ein bestimmter Erfolg hinterher eintrat, und ebenso bleibt der Schuldige verantwortlich, wenn derjenige, den er zum Zweikampfe anreizte, sich unabhängig hiervon zu demselben entschloss[3]).

Es sind hier also überall Handlungen gegeben, welche nicht an sich, sondern lediglich für den Fall gestraft werden, dass ihnen in zeitlichem, wenn auch nicht causalem Zusammenhange ein anderes Ereigniss gefolgt ist, welches in grösserem oder geringerem Masse einen Rechtsschaden repräsentirt, so die Zahlungseinstellung oder Concurseröffnung, die Verletzung an Leib oder Leben, die Verübung des geplanten Verbrechens, der Zweikampf. Der Grund, weshalb der mangelnde Causalnexus in concreto die Strafbarkeit

---

1) Vgl. v. Buri G. S. XXIX 1877 Beilageheft S. 142; Olshausen, § 139 N. 10 u. 11.

2) Abgesehen von der, falls der Anstiftung die strafbare Handlung nachfolgte, möglicherweise hinzukommenden mittelbaren Urheberschaft.

3) v. Liszt S. 323; Olshausen § 210 N. 2; Oppenhoff, Commentar z. D. Strafgesetzbuch Berlin. 9. Aufl. 1883. § 210 N. 3.

nicht ausschliesst, liegt darin, dass der Eintritt des schädigenden Ereignisses bei derartigen Handlungen, generell betrachtet, stets möglich ist. Woher der Gesetzgeber die Ermächtigung entnimmt, den Handelnden lediglich auf Grund dieser Möglichkeit für einen später eingetretenen, nicht von ihm oder nur zufällig von ihm verursachten Erfolg haftbar zu machen, muss einstweilen dahingestellt bleiben.

Durch seine Stellung als Gefährdung fremden Vermögens scheidet sich der einfache Bankerott auf's Schärfste von dem betrügerischen, dessen Thatbestand sich nicht als Gefährdung, sondern als versuchte Vermögensschädigung kennzeichnet [1]). Beiden Arten ist gemeinsam, dass eine wirkliche Vermögensschädigung der Gläubiger zur Vollendung des Delictes nicht nothwendig ist, bei dem betrügerischen Bankerott aber nur deshalb, weil der Gesetzgeber, wie häufig, schon das versuchte Delict zum vollendeten Verbrechen erklärt hat. Bei beiden Arten genügt zur Erfüllung des Thatbestandes bereits die in der Zahlungseinstellung bezw. Concurseröffnung liegende momentane Beeinträchtigung der Gläubiger. Der einfache und der betrügerische Bankerott kommen also überein in Betreff der objectiven Seite ihres Thatbestandes, sie verlangen beide eine Gefährdung und in zeitlichem Zusammenhang damit den Eintritt eines der beiden erwähnten Ereignisse [2]), verschieden ist aber die subjective Seite. Bei dem ersteren setzt der Thäter nur schuldhaft seine Gläubiger der Gefahr eines Vermögensverlustes aus, ohne sie benachtheiligen zu wollen, während bei dem letzteren seine Absicht gerade auf eine solche Benachtheiligung gerichtet ist, aus diesem Grunde schaffte er Vermögensstücke beiseite, stellte er er-

---

1) In dem dargelegten Verhältnisse der beiden Arten des Bankerotts ist der Grund zu suchen, weshalb eine Concurrenz zwischen beiden ausgeschlossen ist. Weil das Gefährdungsdelict dem Verletzungsdelict subsidiär ist (vgl. Binding, Handbuch I 358), entfällt die Möglichkeit einer Concurrenz.

2) Mag die gefährdende Handlung der Zahlungseinstellung bezw. Concurseröffnung vorausgehen oder nachfolgen.

dichtete Forderungen auf, unterliess er die Führung von Handelsbüchern u. s. w. [1]).

Die Delicte, welche bisher den Gegenstand der Betrachtung bildeten, charakterisirten sich sämmtlich dadurch, dass ihr Thatbestand lediglich in der Uebertretung von Gefährdungsverboten, sei es eines, sei es mehrerer [2]), besteht. Man kann sie reine Gefährdungsverbrechen nennen im Gegensatz zu anderen, deren Begriff sich nicht ausschliesslich aus der Uebertretung von Gefährdungsverboten, sondern aus der Uebertretung solcher und von Verletzungsverboten zusammensetzt [3]), für die deshalb die Bezeichnung gemischte Gefährdungsverbrechen als zutreffend erscheint. Zu den letzteren ist zunächst das Delict der Vergiftung. (D. Gb. § 229) zu rechnen. Dasselbe kennzeichnet sich als versuchte Körperverletzung verbunden mit Lebensgefährdung [4]). Wenn der Thatbestand die Beibringung von Gift oder anderen Stoffen, welche die Gesundheit zu zerstören geeignet sind, erheischt, so kommt damit das Erforderniss einer generellen Gefahr für das Leben des Vergifteten deutlich zum Ausdruck. Diese Lebensgefährdung entsteht durch eine Handlung, welche vorgenommen wird, „um die Gesundheit eines Anderen zu beschädigen", die sich mithin als versuchte Körperverletzung qualificirt, denn anerkanntermassen ist das Verbrechen schon mit der Beibringung des Giftes, nicht erst mit der erfolgten Schädigung der Gesundheit consumirt. Indessen ist nicht der Versuch in seinem gesammten Umfange zum vollendeten Verbrechen

---

1) Der oben vertretenen Auffassung des Bankerotts steht die von Halschner II 408 f. am nächsten. Der Gegensatz der beiden Arten als Verletzungs- resp. Gefährdungsverbrechen gelangt aber bei ihm nicht zum unzweideutigen Ausdruck. So wird z. B. die Absicht beim betrügerischen Bankerott bald als Absicht zu schädigen, bald als Absicht zu gefährden bezeichnet.
2) So Zweikampf und Aussetzung, da sie sich gegen Leib und gegen Leben richten.
3) Vgl v. Liszt S. 101.
4) Binding, Handbuch I 358 N 0 und Normen II 519; v. Liszt S. 311. Die gemeine Meinung erblickt in der Vergiftung nur eine versuchte Körperverletzung.

erklärt, sondern nur das der Vollendung nähere Stadium desselben, die geschehene Beibringung des Giftes. Ist dieses bereits in den Körper des Angegriffenen gelangt, ohne indessen etwa dank rechtzeitiger Hülfe Schaden anzurichten, so liegt also vollendete Vergiftung vor. In Folge dessen tritt die eigenthümliche Erscheinung zu Tage, dass das entferntere Stadium des Versuches sich zu dem näheren, wie Versuch zur Vollendung verhält. Hat A. dem Kranken das Gift als angebliche Arzenei eingegeben, so ist die Vollendung bereits eingetreten; hatte er es neben den Kranken hingestellt, in der nicht in Erfüllung gegangenen Erwartung, dieser werde es selbst zu sich nehmen, so liegt noch Versuch vor. Die nur quantitative Verschiedenheit des nahen und entfernten Versuches hat sich im Sinne des Gesetzes in eine qualitative verwandelt.

Ein anderes hierher gehöriges Delict ist die sog. gefährliche Körperverletzung (D. Gb. § 223a). Von der Körperverletzung überhaupt lässt sich nur in ganz abstractem Sinne behaupten, dass sie die Möglichkeit einer tödtlichen Verletzung erzeugt. Ist dieselbe aber mittelst einer Waffe, insbesondere eines Messers oder eines anderen gefährlichen Werkzeuges oder mittelst einer das Leben gefährdenden Behandlung u. s. w. begangen, so ist damit auch die generelle Möglichkeit einer tödtlichen Verwundung hergestellt.

Endlich zählt zu den gemischten Gefährdungsverbrechen die Abtreibung (D. Gb. § 218f). Sie ist Tödtungsverbrechen gegen den Embryo [1] und Gefährdungsdelict wider die Mutter. Ist auch nicht stets eine Bedrohung ihres Lebens vorhanden [2], so liegt doch in allen Fällen mindestens eine Gefährdung ihrer Gesundheit, also zwar nicht noth-

---

[1] So mit Recht die gemeine Meinung. Anderer Ansicht: H. Meyer S. 441 (Gefährdung), v. Liszt S. 312 (Tödtung oder Gefährdung des Embryo und Gefährdung der Mutter); v. Wächter, Deutsches Strafrecht. Leipzig 1881. S. 336 u. G. S. XXIX 1877 S. 1 f; Ortloff G. S. XXXIV 1883 S. 445.

[2] Binding, Normen II 517 und Handbuch I 721.

wendig eine Bedrohung von Leib u n d Leben, aber doch von Leib o d e r Leben vor [1]).

Die oben entwickelten Grundsätze hinsichtlich der generellen Gefahr als Kennzeichen des Gefährdungsdelicts finden auch auf die gemischten Gefährdungsverbrechen Anwendung. Da indessen das Gefahrmoment bei der Vergiftung und Abtreibung zweckentsprechender in anderem Zusammenhange behandelt wird, so ist an dieser Stelle die Geltung jener allgemeinen Grundsätze nur in Betreff der gefährlichen Körperverletzung darzulegen.

Auch bei der Körperverletzung ist nicht die a b - s t r a c t e, sondern die g e n e r e l l e Möglichkeit einer schweren oder tödtlichen Verletzung das entscheidende Kriterium. Diese bestimmt sich aber nach den die Handlung begleitenden w e s e n t l i c h e n Umständen und dem dadurch sich ergebenden G a t t u n g s c h a r a k t e r derselben, mithin mit Rücksicht auf die Art und Weise, wie das Werkzeug gebraucht wird, auf die Beschaffenheit der Person, welche misshandelt wird.

Hätte der Gesetzgeber bei der Begriffsbestimmung des gefährlichen Werkzeuges, der das Leben gefährdenden Behandlung die ganz abstracte Möglichkeit [2]) schwerer Verletzungen im Auge gehabt, so fehlte es an jedem zureichenden Grunde für die Aufstellung eines besonderen Thatbestandes der gefährlichen Körperverletzung, denn, wenn man von den die generelle Natur einer Handlung bestimmenden Merkmalen ganz absieht, so ist jedes Werkzeug, jede schlechte Behandlung eines Menschen an seinem Körper gefährlich.

Die Gefährlichkeit einer Körperverletzung kann also nur abhängig sein von dem A l l g e m e i n b e g r i f f der Handlung, der durch die sie begleitenden wesentlichen Um-

---

1) Auch der Raufhandel gehört zu den gemischten Gefährdungsverbrechen, da sein Thatbestand neben der Lebensgefährdung vollendete oder versuchte Körperverletzung erfordert.
2) v. B u r i O. S. XXXIV 1883 S. 348 f., 354.

stände bedingt ist [1]). Ist daher die Benutzung des Werkzeuges oder die Behandlung eines Menschen derartig, dass die Handlung sei es allen Personen sei es bestimmten Gruppen derselben z. B. Kindern gegenüber regelmässig die nahe Möglichkeit schwerer Verletzungen in sich trägt, so erscheint sie als eine gefährliche, mag auch die individuelle Gestaltung der auf Grund des Gattungscharakters zu erwartenden nicht entsprechen.

Auf diesem Standpunkte steht auch das Reichsgericht, welches mehrfach anerkannt hat, dass das Ausbleiben der Lebensgefahr in concreto, sofern nur die nahe Möglichkeit einer solchen im Allgemeinen gegeben war, die Eigenschaft der Handlung als einer gefährlichen [2]) nicht beseitigt. Zwei Fälle mögen die Auffassung des Reichsgerichtes illustriren.

Das erstinstanzliche Urtheil hatte in dem einen Falle[3]) festgestellt, dass der Angeklagte seinem 7½ Monat alten Kinde mit der Hand vorsätzlich zwei Schläge an den Kopf versetzt, ihm dadurch gewisse Verletzungen zugefügt, dass der ärztliche Sachverständige indessen den Zustand des Kindes für „nicht bedenklich" gehalten und deshalb auch „keinen Grund zur Besorgniss" gefunden habe. Hieraus folgerte der Unterrichter, dass das Leben des Kindes nicht gefährdet worden sei und sprach den Angeklagten von der Anklage wegen gefährlicher Körperverletzung frei, indem er hinzufügte, es sei allerdings zuzugeben, dass Schläge mit der Hand gegen den Kopf eines 7 bis 8 monatlichen Kindes, dessen Kopfnähte — wie hier der Fall gewesen — noch offen seien, geführt, welche derartige Spuren hinterlassen, im Allgemeinen lebensgefährlich seien.

---

[1] Treffend O l s h a u s e n § 223a N. 5: „Freilich muss berücksichtigt werden, wie die vom Thäter in concreto vorgenommene a l l g e m e i n e Art der Benutzung des Werkzeuges war, z. B. ob das Messer geöffnet oder zugeklappt, ob ein Gewehr zum Schiessen oder Schlagen gebraucht wurde, denn die objective Beschaffenheit des Werkzeuges ist je nach der einen oder anderen dieser Gebrauchsarten eine ganz verschiedene".

[2] Ebenso O l s h a u s e n § 223a N. 9.

[3] RG. III v. 14. Juni 1882. E. VI 396.

Das Reichsgericht hob jedoch das freisprechende Urtheil auf, indem es ausführte, dass es für den Begriff einer „das Leben gefährdenden Behandlung" nicht darauf ankommt, ob thatsächlich eine Lebensgefahr als Folge der Misshandlung eingetreten ist, sondern bloss darauf, ob die Behandlung geeignet war, eine solche Lebensgefahr herbeizuführen. Dabei sei freilich nicht zu verkennen, dass die letztere Frage nur nach Massgabe der concreten Verhältnisse des Einzelfalles, also unter Abwägung der individuellen Beschaffenheit des gemisshandelten Menschen und der individuellen Schädlichkeit der gegen Körper und Gesundheit in Bewegung gesetzten Einwirkungen zu prüfen sei.

In dem anderen Falle [2]) hatte der Angeklagte einen Schiffsknecht derart vor die Brust gestossen, dass derselbe in den Fluss fiel. Allerdings war das Wasser an der Stelle, wo er hineinfiel nur zwei Fuss tief, nach der Art wie der Stoss ausgeführt wurde, hätte es aber leicht geschehen können, dass der Verletzte in das in unmittelbarer Nähe befindliche tiefere Wasser und unter das dort ankernde Schiff hätte kommen können und dann ertrunken wäre. Das Reichsgericht erkannte mit Rücksicht auf die nahe Möglichkeit des Lebensverlustes und die Art und Weise der Ausführung der Misshandlung, das Vorliegen einer gefährlichen Körperverletzung an, obgleich doch die Lebensgefahr in concreto gar nicht eingetreten war, wie dann, wenn der Verletzte wirklich in das tiefere Wasser gestürzt und unter das Schiff gerathen, aber noch glücklich gerettet worden wäre.

Beide Urtheile beweisen, dass das Reichgericht den generellen Charakter der Handlung zum Massstab nimmt und deshalb den Nichteintritt der Lebensgefahr in concreto mit Recht für unerheblich erachtet.

Ebenso ist es endlich für den Thatbestand ohne Belang, wenn die Gefahr einer schwereren Beschädigung im einzelnen Falle nicht eintreten **kann**, etwa weil der Misshan-

---

1) RG. II v. 8. April 1884 R. VI 282.

delte sich durch einen ganz besonders kräftigen Körper ausgezeichnet oder weil der Thäter bei einem Streit in der Hitze des Gefechtes ein altes gebrechliches mit stumpfer Spitze versehenes Tischmesser ergreift, welches gar nicht durch die Kleidung in den Körper eindringen konnte, und damit gegen den Arm seines Gegners stösst. Anders dann, wenn die Unmöglichkeit der Gefahr sich nicht als zufälliges, sondern als nothwendiges Merkmal der Handlung darstellt, so wenn Jemand sich den schlechten Scherz macht, einen Anderen in das ganz seichte Wasser am Ufer eines Sees zu stossen, oder wenn er, um einem ungezogenen Strassenjungen eine handgreifliche Lection zu ertheilen, denselben über's Knie streckt und ihm mit einer flachen Klinge eins über den Rücken zieht. Die die Handlung begleitenden Umständen charakterisiren dieselbe hier als eine wesentlich anders geartete, welcher generell betrachtet die Unmöglichkeit eines schwereren Erfolges nicht als zufälliges, sondern nothwendiges Merkmal eigen ist.

Das Gefährdungsverbrechen ist weiter nicht auf den Kreis der Privatverbrechen beschränkt, sondern kommt, über diesen hinausgehend, auch auf dem Gebiete der Angriffe gegen die Güter der staatlichen Gemeinschaft zur Erscheinung. So spielt die Gefährdung beim Landesverrathe eine gewisse Rolle [1] und erhebt sich zum selbständigen Thatbestande in der Gestalt der Gefährdung des öffentlichen Friedens [2]. Durch das diesem Delicte eigenthümliche Moment der unbestimmten Grösse der Gefahr bildet dasselbe gleichsam den Uebergang zu denjenigen Gefährdungsverbrechen, bei denen die Gefahr ihre extensivste Gestalt erhält, indem sie zur Gemeingefahr sich steigert.

Die nächstliegende und ursprünglichste Erscheinungsform einer solchen Gemeingefahr ist die durch die Entfesse-

---

[1] D. Gb. § 92 Nr. 2.
[2] So die öffentliche Aufreizung verschiedener Classen der Bevölkerung zu Gewaltthätigkeiten gegen einander (D. Gb. § 130) und der sog. Kanzelmissbrauch (D. Gb. § 130a).

lung der Naturkräfte erzeugte, dieselbe vermag aber auch durch die Entfesselung der elementaren Kräfte der grossen Masse hervorgerufen zu werden. Gegen gemeingefährliche Handlungen in diesem Sinne sich zu wenden hat die moderne Strafgesetzgebung im Kampfe der Staaten gegen den Anarchismus und dessen Bundesgenossen allen Grund, indem sie schon die Förderung socialistischer und ähnlicher Bestrebungen, insofern diese gemeingefährliche sind, unter Strafe stellt [1]), d. h. insofern sie auf den Umsturz der gegenwärtigen Staats- und Gesellschaftsordnung abzielen und damit eine wirkliche Gemeingefahr, eine in ihrer Ausdehnung nicht übersehbare Gefährdung der Rechtswelt begründen.

Juristisch bei Weitem wichtiger und interessanter sind die Delicte, welche man unter dem Begriff der gemeingefährlichen zusammenzufassen pflegt und die auch das Deutsche Gesetzbuch unter dieser Bezeichnung (Abschnitt 27) behandelt. Die rechtliche Natur der einzelnen zu den gemeingefährlichen gerechneten Verbrechen ist indessen eine sehr bestrittene. Einig ist die herrschende Doctrin zwar darin, dass unter jener Benennung Delicte verschiedenartiger Natur zusammengefasst werden, worin aber diese Verschiedenheit zu sehen sei, darin weichen die Meinungen von einander ab. Im Wesentlichen stehen sich dabei zwei Auffassungen gegenüber. Die Einen gehen davon aus, dass nur einzelne Verbrechen des Abschnitts 27 wirklich gemeingefährliche sind, die übrigen dagegen nur Einzelgefährdungen sind oder als qualificirte Arten gewöhnlicher Verletzungsverbrechen erscheinen, z. B. die Brandstiftung als qualificirte Sachbeschädigung [2]). Im Gegensatz hierzu sind die Anderen der Meinung, man dürfe zwar sämmtliche Thatbestände als gemeingefährliche bezeichnen, aber in einem verschiede-

---

[1]) D. Reichsgesetz gegen die gemeingefährlichen Bestrebungen der Socialdemokratie v. 21. October 1878 § 1 f.

[2]) B i n d i n g, Normen II 578. — H. M e y e r S. 593 f. unterscheidet neben den Delicten, welche eine Gemein- oder Einzelgefahr erfordern, solche, welche nach Ansicht des Gesetzgebers stets gefährlich sind.

nen Sinne, denn die Gemeingefahr sei theils als abstractes Erforderniss aufgestellt, welches ohne den Thatbestand zu berühren im einzelnen Falle sehr wohl mangeln könne, z. B. bei der Brandstiftung, theils sei ihr Vorhandensein in concreto zur Erfüllung des Thatbestandes nothwendig, z. B. bei der Ueberschwemmungsstiftung [1]).

Gegen diese Anschauungen muss es von vornherein einnehmen, dass sie dem Gesetzgeber zumuthen in so unsystematischer Weise vorgegangen zu sein. Entweder soll er wirklich gemeingefährliche Handlungen mit Einzelgefährdungen und qualificirten Verletzungsverbrechen, also durchaus heterogene Elemente zusammengefasst haben, während doch schon der Sprachgebrauch jene Delicte als innerlich zusammengehörig bekundet und eine andere systematische Behandlung derselben gar nicht durchführbar wäre. Oder er soll bald die abstracte bald die concrete Gemeingefahr dem Thatbestande eingefügt haben, demgemäss „denselben Rechtsgütern d. h. Leben, Gesundheit und Eigenthum bald einen stärkeren, weil erleichterten Rechtsschutz (abstracte Gefahr) gewähren wollen, bald einen weniger starken (concrete Gefahr)"[2]), ohne dass irgend ein triftiger Grund dafür ersichtlich ist, weshalb der Gesetzgeber diese Unterscheidung aufstellt und das eine Verbrechen gerade dieser, das andere jener Categorie zutheilt. Bei der Brandstiftung (§ 306 f) soll schon abstracte Gemeingefahr genügen, bei der auf der nämlichen Stufe der Strafbarkeit stehenden und mit denselben Straffolgen ausgestatteten Ueberschwemmungsstiftung (§ 312 f) dagegen die concrete erforderlich sein, bei der Gefährdung der Schifffahrt durch Zerstören von Feuerzeichen u. s. w. (§ 322) die abstracte Gefahr ausreichen, bei dem mit höherer Strafe belegten Stranden-

---

1) Siebenhaar, der Begriff der Gemeingefährlichkeit und die gemeingefährlichen Delicte. Z. f. StfRW. IV 1884 S. 245 f.; v. Liszt S. 453; Olshausen S. 1175, der aber abweichend dort, wo der Thatbestand nur Einzelgefährdung verlangt, nicht concrete sondern abstracte Gemeingefahr annimmt. Ebenso Rotering in G. A. XXXI 1883 S. 271 f.
2) Siebenhaar a. a. O. S. 281.

oder Sinkenmachen eines Schiffes (§ 323) dagegen erst die concrete! Weder die concrete noch die abstracte, sondern die generelle Gemeingefahr ist das Wahrzeichen des gemeingefährlichen Delicts. Prüfen wir von diesem Gesichtspuncte aus das jüngste der gemeingefährlichen Verbrechen. Der § 5 des Gesetzes wider den verbrecherischen und gemeingefährlichen Missbrauch von Sprengstoffen von 9. Juni 1884 bestimmt: „Wer vorsätzlich durch Anwendung von Sprengstoffen Gefahr für das Eigenthum, die Gesundheit oder das Leben Anderer herbeiführt, wird mit Zuchthaus bestraft." In welchem Sinne erfordert dieses Delict eine Gemeingefahr? Der Begriff der Gemeingefahr wird zunächst dadurch nicht ausgeschlossen, dass der Thäter bestimmte Personen, sei es eine sei es mehrere zu gefährden beabsichtigte. Wer freilich mit Felssprengung an einer einsamen Bergstrasse beschäftigt, seine beiden Feinde herankommen sieht und mit dem Bewusstsein diese zu gefährden, die Sprengung vornimmt, wird, wenn ein schädlicher Erfolg eintritt, nach den allgemeinen Grundsätzen über dolose oder culpose Tödtung oder Körperverletzung haften. Werden wir aber Bedenken tragen den Bestimmungen des Sprengstoffgesetzes den zu unterwerfen, der in der Absicht das Leben eines verhassten Polizeibeamten mindestens zu gefährden, eine Dynamitexplosion in dem Polizeigebäude oder etwa in einer Bahnhofshalle veranstaltet? Hier wie dort ist die Absicht nur auf die Gefährdung bestimmter Personen gerichtet, der Unterschied zwischen beiden Fällen besteht aber darin, dass im letzteren auch die Verletzung anderer möglich ist, während sie im ersteren unmöglich erscheint. Nicht darauf kommt es also an, ob eine bestimmte oder unbestimmte Zahl von Personen gefährdet werden soll, sondern darauf, dass eine unbestimmte Zahl von Personen der Gefahr ausgesetzt wird. Die nicht vorauszuberechnende Ausdehnung der Gefahr ist das Kriterium der Gemeingefahr. **Gemeingefahr ist unbestimmt grosse Gefahr.**

Die Gemeingefahr wird aber weiter dadurch nicht aufgehoben, dass im einzelnen Falle thatsächlich nur eine Person von der Gefahr ereilt wird, sofern nur ein unbestimmter Kreis von Personen gefährdet werden konnte. Nehmen wir an, dass das Dynamit zur Explosion kommt in einem Augenblicke, wo gerade bloss eine Person sich in der Nähe desselben in dem Polizeigebäude oder in der Bahnhofshalle befindet. Vermag nun die zufällige Gestaltung des Einzelfalles, in welchem nur eine oder vielleicht gar keine Person gefährdet ist, unsere Beurtheilung des allgemeinen Charakters der Handlung zu beeinflussen? Vermag sie etwa ein Präjudiz für unsere weitere Erwartung zu schaffen? Selbst dann, wenn in concreto eine Gefahr, geschweige denn eine Gemeingefahr gar nicht entstehen kann, z. B. wenn die Zündmasse feucht oder das Uhrwerk schadhaft geworden war, bleibt die Handlung eine gemeingefährliche, weil die generelle Möglichkeit der Entstehung einer Gemeingefahr ihren Gattungscharakter ausmacht.

Ist somit nicht die individuelle, sondern die generelle Erscheinungsform einer Handlung für ihre Eigenschaft als gemeingefährlich entscheidend, so ergiebt sich daraus die Berechtigung des Gesetzgebers bei Formulirung des Thatbestandes das zufällige Merkmal der Bedrohung nur einer Person in den Thatbestand aufzunehmen und ihm dadurch den Anschein eines einfachen Gefährdungsverbrechens zu verleihen, so z. B. beim Strandenmachen eines Schiffes, wo nur Gefahr für das Leben eines Anderen erfordert wird (§ 323). Er bringt dadurch zum Ausdruck, dass die Strafbarkeit der Handlung durch die ausnahmsweise geringe Ausdehnung der Gefahr im einzelnen Falle keine Aenderung erfährt.

Dem Delict der Gefährdung durch Sprengstoffe durchaus gleichartig ist die Gefährdung des Eisenbahntransportes (§ 315 f.). Auch hier ist der Thatbestand erfüllt, wenn die concrete Gefahr ausblieb, weil kein Zug die beschädigte Stelle passirt, und ebenso, wenn die Möglichkeit der Gefahr unter den gegebenen Umständen entfiel, weil die Strecke ohne Wissen des Thäters einer anderen Betriebsstörung wegen zur Zeit gesperrt war.

Sehr instructiv ist in dieser Hinsicht ein Rechtsfall, der dem Reichsgerichte vorgelegen hat [1]: Ein Rangirzug stiess auf ein mit sechs Personen belastetes Gefährt. Dieses wurde umgeworfen und beschädigt. Die Insassen des Wagens fielen heraus, wobei M. eine Schulterverrenkung erlitt. Dem Hülfsweichensteller N. war zur Last gelegt, dass er eine Barrière, mit deren Bedienung er beauftragt war, dem M.schen Fuhrwerke geöffnet hatte, als der Zug herantrollte.

Das erstinstanzliche Urtheil hatte den Thatbestand der Eisenbahngefährdung verneint, indem es ausführte, die fünf auf dem Geleise rollenden Waggons seien durch den leichten Wagen des M. nicht in Gefahr gesetzt worden, ja hätten auch nicht in Gefahr gesetzt werden können, denn das verursachte Hinderniss war so unbedeutend, dass die Waggons dasselbe ohne alle Gefahr für sich aus dem Wege schaffen mussten; namentlich sei dabei zu berücksichtigen, dass der M.sche Wagen nur mit einem kleinen Theile seines Hinterrades noch in der Nähe des befahrenen Geleises sich befand, dass der Tritt des zweiten Waggons dieses Rad erfasste und bei dieser Situation eine Gefährdung der Waggons vollständig ausgeschlossen war.

Das Reichsgericht hat indessen die erstinstanzliche Entscheidung aufgehoben. In dem Urtheile wird zunächst gerügt, dass nur die Waggons, nicht auch die auf denselben befindlichen Bremser, welche gefährdet sein **konnten**, von dem ersten Richter berücksichtigt worden seien und sodann die Entscheidung desselben von seinem eigenen Standpunkte aus angegriffen. Die Frage der Gefährdung des Eisenbahntransportes — heisst es in den Gründen — wird von dem

[1] RG. U 18. Mai 1880 E. XIV 135.

ersten Richter davon abhängig gemacht, ob der Zug im Momente des Zusammenstosses mit dem Wagen des M. gefährdet war. Es kommt aber darauf an, ob überhaupt durch die Pflichtvernachlässigung der Transport in Gefahr gesetzt war, d. h. ob durch dieselbe in irgend einem Zeitpunkte ein Zustand herbeigeführt war, in welchem die Wahrscheinlichkeit einer Beschädigung des Transportes vorlag. Für letztere Frage ist der wirkliche Causalitätsverlauf nicht entscheidend, weil eine Menge nicht zu berechnender Factoren (zufälliges Verlangsamen oder Beschleunigen der Bewegung des Zuges oder des Fuhrwerkes u. dgl.) einen anderen Verlauf herbeiführen konnte. Selbst wenn ein Zusammenstoss gar nicht stattgehabt hätte, derselbe z. B. durch rechtzeitiges Eingreifen einer dritten Person vermieden worden wäre, wäre eine Gefährdung des Transportes nicht ausgeschlossen. Die Gefahr für den Transport, die Wahrscheinlichkeit eines für denselben entstehenden Schadens konnte dadurch nicht für ausgeschlossen erachtet werden, dass die heranrollenden Waggons z u f ä l l i g ein Moment später auf den M.schen Wagen stiessen, als in dem Zeitpunkte, zu dem letzterer sich noch vollständig auf den Schienen befand.

Die Entscheidung bietet einen Beleg dafür, dass das Reichsgericht bei der Feststellung des Thatbestandes der Eisenbahngefährdung die g e n e r e l l e Gefahr als Grundlage nimmt und demgemäss den concreten Fall nach den durch seinen Gattungscharakter gegebenen w e s e n t l i c h e n Merkmalen, denen die individuelle Erscheinungsform als z u f ä l l i g gegenübergestellt wird, beurtheilt. Dieselbe steht im Einklang mit einer früher besprochenen Reichsgerichtsentscheidung[1]), auf die auch im vorliegenden Falle Bezug genommen wird und welche die abstracte Gefahr als Thatbestandsmerkmal verwirft, indem sie darauf hinweist, dass die blosse, vielleicht noch so entfernte Gefahr, die blosse Möglichkeit eines Schadens nicht genüge, weil sich kaum

---

1) S. 27.

eine Pflichtverletzung der in Betracht kommenden Eisenbahnbeamten denken lasse, welche nicht in abstracto die Möglichkeit eines Schadens mit sich bringe, der Gesetzgeber daher, wenn er die blosse Möglichkeit für ausreichend gehalten hätte, in dem § 316 Abs. 2 von dem Begriffsmerkmale der Gefahr ganz hätte absehen können.

Dem Thatbestande der erwähnten gemeingefährlichen Verbrechen entspricht ferner der der Ueberschwemmungstiftung. Liegt keine Gemeingefahr für Menschenleben vor, wenn der Thäter den Eintritt eines drohenden Naturereignisses beschleunigend, den schützenden Damm durchsticht, die Dorfbewohner aber ohne sein Wissen der vorhandenen Naturgefahr wegen das Dorf bereits verlassen hatten, eine Gefahr in concreto mithin nicht eintreten konnte?

Das Delict der Ueberschwemmungstiftung weist zugleich eine Eigenthümlichkeit auf, die geeignet ist, den Begriff der Gemeingefahr nach einer anderen Seite zu beleuchten. Wie bei der Gemeingefahr für Leib und Leben als Angriffsobject eine unbestimmte Mehrheit von Personen erfordert wird, so verlangt man auch für die Gemeingefährdung von Eigenthum die Bedrohung einer unbestimmten Mehrheit von Eigenthümern [1]). Allein diese Auffassung führt zu einer seltsamen Consequenz. Nehmen wir z. B. eine Wiese von bedeutender Ausdehnung an, deren einzelne Theile einer Reihe von Eigenthümern gehören. Wird dieselbe in einer Weise überschwemmt, dass „die Ausdehnung der Gefährdung bei ihrem Ursprunge nicht ermessen werden kann", so ist eine gemeingefährliche Handlung gegeben. Kauft nun ein benachbarter Grossgrundbesitzer die einzelnen kleinen Besitzer aus und vereinigt das Eigenthum an der Wiese in seiner Hand, so verwandelt sich dieselbe Handlung in eine gewöhnliche Sachbeschädigung. Statt

---

1) „Denn eine gemeine Gefahr für Eigenthum ist vorhanden, sobald die Gefährdung nicht sowohl das Eigenthum nur einer oder einzelner bestimmten Personen betrifft, sondern in unbestimmter Ausdehnung auftritt, sobald sie also eine solche ist, deren Ausdehnung bei ihrem Ursprung nicht ermessen werden kann". RG. IV v. 13. Oct. 1885. E. VII 577; Olshausen § 313 N. 1; Rotering a. a. O. S. 272.

Zuchthaus tritt nun Geldstrafe oder Gefängniss ein [1])! Stellen wir uns einen extremen Fall vor und supponiren, dass das Eigenthumsrecht an der Wiese ein Streitobject zwischen dem Grossgrundbesitzer und den zahlreichen kleinen Besitzern bildet, so ist der Ausgang eines Civilprocesses praejudiciell für die Frage, ob Gemeingefahr vorlag oder nicht! Ob die Wiese einer Person oder einer grösseren Zahl von Personen gehörte, erscheint als durchaus unerheblich gegenüber den wesentlichen Merkmalen der Handlung, dass in Folge der Entfesselung der Naturkraft die Grösse der Gefahr eine unberechenbare ist und der Thäter es nicht in der Hand hat, sie zu begränzen. Gemeingefahr für das Eigenthum ist also nicht Gefährdung einer unbestimmten Zahl von E i g e n t h ü m e r n, sondern unbestimmte grosse Gefährdung des E i g e n t h u m s, mag das bedrohte Eigenthum sich in einem oder mehreren Gegenständen verkörpern, einem Einzelnen oder einer grösseren Zahl von Personen gehören. Die abweichende Gestaltung der Gemeingefahr für Leib und Leben einerseits und für Eigenthum andererseits, die sich hier geltend macht, erklärt sich daraus, dass das Eigenthum einer quantitativ verschiedenen Ausdehnung fähig ist, welche jenen beiden Rechtsgütern völlig fremd ist. Damit ergiebt sich aber zugleich die Abgränzung gegenüber der Sachbeschädigung: Gemeingefahr für das Eigenthum ist nur an solchen Gegenständen möglich, welche allein oder in Verbindung mit anderen ihrer regelmässigen Erscheinungsform nach so gross sind, z. B. Wiesen, Felder u. s. w., dass an ihnen die Entfesselung einer Naturkraft und damit eine unbestimmt grosse und vom Thäter nicht zu beherrschende Gefahr möglich ist.

Für die Begriffsbestimmung der gemeingefährlichen Delicte ergiebt sich somit das Resultat:

G e m e i n g e f a h r i s t u n b e s t i m m t g r o s s e G e f a h r. D i e N i c h t v o r a u s s e h b a r k e i t i h r e r

---

[1]) Vgl. D. Gb. § 308 und 313.

Ausdehnung entsteht in der Richtung auf Leib und Leben durch die unbestimmte Mehrheit der bedrohten Personen, in der Richtung auf Eigenthum durch die Eigenschaft gewisser Gegenstände, vermöge ihrer räumlichen Ausdehnung eine Entfesselung der Naturkräfte ihnen gegenüber zu ermöglichen.

Gemeingefährlich ist ein Verbrechen, wenn das Vorhandensein einer Gemeingefahr in dem dargelegten Sinne das den generellen Charakter der Handlung bestimmende Moment ist.

Hiermit erscheint auch der Boden für die Construction der Brandstiftung geebnet. Der Gesetzgeber stellt in § 308 die einfache Brandlegung unter Strafe d. h. das Inbrandsetzen von Gebäuden, Schiffen, Hütten [1]), Früchten auf dem Felde, Waldungen und Torfmooren u. s. w. Die Handlung ist zunächst strafbar, wenn der angezündete Gegenstand fremdes Eigenthum ist, und repräsentirt dann ein der Ueberschwemmungstiftung in der Hauptsache conform gebildetes Delict. Die Gemeingefahr ist auch hier mit dem Inbrandsetzen der Sache, vermöge der besonderen Beschaffenheit derselben stets gegeben. Oder ist etwa das Anzünden eines grossen zusammenhängenden Waldes gemeingefährlich, wenn derselbe mehreren Gütern gehört, dann aber nicht, wenn das Eigenthumsrecht in einer Hand concentrirt ist, vielleicht erst seit Kurzem in derselben vereinigt ist und möglicherweise unter einem anderen Besitzer wieder getheilt werden wird? Wäre das richtig, so müsste diese verschiedene Gestaltung auf der subjectiven Seite reflectiren und das Bewusstsein der Gemeingefahr wäre nicht schon mit der Kenntniss von der Beschaffenheit der Sache, sondern erst mit der Wissenschaft um die Eigenthumsverhältnisse an

---

[1]) Die Hütten gehören wegen der für sie charakteristischen geringen räumlichen Ausdehnung richtiger zu den Objecten der Sachbeschädigung (§ 303). Vgl. auch H Meyer S. 597: „Für Anzündung einer fremden Strohhütte auf offenem Felde im Minimum sechs Monate Gefängniss?"

derselben gegeben. Vermag denn in der That das wechselnde Moment der Vertheilung des Eigenthums über die der Handlung innewohnende grössere oder geringere causale Kraft zu entscheiden? Massgebend können hier ebenfalls nur die wesentlichen Momente sein: das Object ist so gross, dass demselben gegenüber von einer wirklichen Entfesselung der Naturkraft gesprochen werden kann, und die Handlung involvirte eine derartige Entfesselung, dass der Thäter nicht in der Lage war die Gefahr zu berechnen und zu umgränzen [1]).

Während bei der Brandstiftung an fremdem Eigenthum nur die Beschaffenheit der Sache in Betracht kommt, wird bei dem Anzünden einer eignen Sache zur Strafbarkeit verlangt, dass diese nicht bloss zu den in § 308 bezeichneten Objecten gehört, sondern auch, dass sie ihrer Lage nach geeignet ist, das Feuer auf fremdes Eigenthum oder auf die in § 306 bezeichneten Gegenstände, deren Anzünden mit einer Gemeingefahr für Menschenleben verknüpft ist, zu übertragen. Mit Recht, denn hiervon abgesehen, ist die Brandstiftung an eigner Sache nur eine Selbstgefährdung des Thäters an seinem Eigenthum.

Im Gegensatz zur **einfachen** Brandstiftung steht die **schwere** des § 306. Unter denselben fällt die Brandstiftung an zu gottesdienstlichen Versammlungen bestimmten Gebäuden, an Gebäuden, Schiffen oder Hütten, welche zur

---

[1]) Im Vergleich zur Verursachung einer Ueberschwemmung tritt freilich die Besonderheit hervor, dass der Gesetzgeber hier die Objecte, durch deren Anzündung allein Brandstiftung begangen wird, in casuistischer Weise aufzählt, während er dort ganz allgemein von einer Gemeingefahr für Eigenthum redet. Die ungleiche Behandlung erklärt sich durch die Verschiedenheit des in Frage kommenden Elementes. Eine Ueberschwemmung unter Entfesselung der Naturkraft des Wassers ist denkbar wohl nur an Grund und Boden sowie an Gebäuden. Der Kreis der Objecte, durch deren Inbrandsetzen eine Gemeingefahr entstehen kann, ist dagegen ein weit grösserer. Deshalb ist die Abgränzung der Objecte, deren Anzünden generell den Charakter der Gemeingefahr trägt, von denjenigen, bei denen diese auftreten kann, aber nur unter besonderen Verhältnissen auftritt, z. B. bei einer Holzbrücke, eine schwierigere. Der Gesetzgeber hat nun diese Gränzregulirung durch Aufzählung der tauglichen Brandstiftungsobjecte selbst vollzogen, anstatt sie wie z. B. das Niederländische Gesetzbuch vom 3. März 1881 § 157 dem Richter zu überlassen.

Wohnung von Menschen dienen sowie an Räumlichkeiten, welche zeitweise zum Aufenthalt von Menschen dienen und zwar zu einer Zeit, während welcher Menschen in denselben sich aufzuhalten pflegen. Der Gesetzgeber qualificirt in diesem Thatbestande die Begehung an Gebäuden, deren Anzünden generell für Menschenleben gemeingefährlich ist und betrachtet es daher als gleichgültig, ob die in Brand gesetzte Sache eine fremde ist oder dem Thäter gehört. Diese Natur des Delictes prägt sich schon in der Formulirung des Thatbestandes klar aus. Zweifelhaft kann dieselbe nur hinsichtlich der Brandstiftung an Gotteshäusern erscheinen. Aus dem Erforderniss, dass das Gebäude zu gottesdienstlichen Versammlungen bestimmt sein muss, darf indessen geschlossen werden, dass der Gesetzgeber dabei solche Gebäude im Auge hatte, welche, weil zu derartigen Versammlungen bestimmt, regelmässig in der Nähe menschlicher Wohnungen belegen sind, deren Anzünden somit im Gegensatz etwa zu dem einer kleinen Waldkapelle generell betrachtet eine Gemeingefahr für Menschenleben mit sich bringt.

Eine concrete Gemeingefahr wird aber weder bei der einfachen noch bei der schweren Brandstiftung verlangt. Auch wenn das Feuer bei einem Waldbrand nicht zur unabsehbaren Gefahr anwachsen kann, weil dasselbe gleich auf noch feuchten Boden stösst, oder bei dem Anzünden eines Wohngebäudes kein Menschenleben bedrohen kann, weil die Bewohner des Hauses gerade verreist sind, ist der Thatbestand der Brandstiftung erfüllt [1].

Unter Berücksichtigung der vorstehenden Ausführungen ist der Begriff der Gefahr und Gemeingefahr neuerdings von Hälschner einer eingehenden Erörterung unterzogen worden [2]. Hälschner geht gleichfalls von der generellen

---

[1] Für die übrigen gemeingefährlichen Delicte bildet gleichfalls die generelle Gemeingefahr das entscheidende Kriterium, so bei der Nichterfüllung von Lieferungsverträgen zur Zeit eines Krieges oder Nothstandes (329), der Gefährdung der Schifffahrt durch Zerstören von Feuerzeichen (§ 322) u. s. w.

[2] Hälschner III 596 f.

Möglichkeit aus, fasst den Ausdruck generell jedoch nur in dem Sinne eines ungenau bezeichneten, nicht auch in dem Sinne eines durch die Gattungsmerkmale der Handlung bestimmten Geschehens auf, sodass die generelle Möglichkeit auch die ganz abstracte mit einbegreift und erkennt demgemäss auch nur einen q u a n t i t a t i v e n Unterschied zwischen dem Gefährdungsverbrechen und dem Ungehorsamsdelicte an. Ist die generelle Gefahr, — sagt er, — das constante Merkmal der Brandstiftung, so gewiss nicht weniger bei dem nach § 368 strafbaren Anzünden von Feuer in gefährlicher Nähe von Gebäuden. Ist das übermässig schnelle Fahren in den Strassen der Städte und Dörfer eine Handlung, die nicht constant, sondern nur regelmässig eine gefährliche ist, so gilt dieses gewiss in gleichem Masse von der Handlung dessen, der ein zur Sicherung der Schifffahrt dienendes Zeichen unbrauchbar macht.

Den Einwänden, welche H ä l s c h n e r wider die generelle Gefahr erhebt und die er in anschaulicher Weise durch die Beispiele illustrirt, kann eine Berechtigung nicht abgesprochen werden. Erscheint es in der That nicht doch willkührlich, bei der Brandstiftung die Gefahr als constantes Merkmal anzuerkennen, bei dem Anzünden von Feuer in gefährlicher Nähe von Gebäuden oder an gefährlichen Stellen im Walde dieselbe aber zu läugnen und eine solche Handlung nur als abstract gefährliche zu betrachten, ebenso in dem übermässig schnellen Fahren und Reiten auf der Strasse in Städten und Dörfern eine bloss regelmässig gefährliche Handlung, in dem Zerstören eines zur Sicherung der Schifffahrt dienendes Zeichen hingegen eine stets gefährliche Handlung zu erblicken?

Gleichwohl lassen die Bedenken sich beseitigen. Das Anzünden von Feuer in gefährlicher Nähe von Gebäuden oder an gefährlichen Stellen im Walde anlangend, so ergiebt sich aus der Beschränkung des Delictes auf die bezeichneten Orte das Moment der Gefahr in der That gleichsam von selbst, nichtsdestoweniger ist dasselbe doch nur in ganz abstractem Sinne ein gefährliches, weil es Fälle miteinbegreift, wo die Gefahr durch eine Gegenursache paralysirt wird. Wenn z. B. Jäger an einer trockenen Stelle im Walde ein kleines Feuer anzünden oder Hirten sich bei völliger Windstille in unmittelbarer Nähe einer Scheune ein Hinterfeuer anmachen, so unterliegen sie gewiss jener polizeilichen Strafbestimmung, und doch entbehrt, falls alle Vorsichtsmassregeln beobachtet werden, um eine Weiterverbreitung des Feuers zu hindern, die Handlung nicht bloss in diesem, sondern in allen analogen Fällen der Gefahr. Der Eintritt einer solchen ist der ganzen Beschaffenheit der Situation nach nicht voraussehbar und deshalb erscheint das Ausbleiben derselben unter Berücksichtigung der wesentlichen Momente, also generell betrachtet, nicht als ein zufälliges, sondern nothwendiges Merkmal der Handlung. Weil aber in derartigen Fällen der Zufall mitspielen und die gefahrlose Handlung in eine gefahrbringende verwandeln kann, verbietet der Gesetzgeber die Handlung als solche und straft dieselbe, auch wenn sie ihrem Gattungscharakter entsprechend, völlig unbedrohlich verlief. Darin liegt gerade ein wesentlicher Unterschied zwischen dem Gefährdungsverbrechen und der abstract gefährlichen Handlung, dass letztere strafbar ist, auch wenn sie sich in einer generell ungefährlichen Handlung verkörpert, das erstere dagegen bei voraussehbarem Ausbleiben einer Gefahr hinfällig wird. Deshalb mangelt der Thatbestand der Aussetzung, wenn eine hülflose Person verlassen, aber nicht in hülfloser Lage verlassen wird, der der Eisenbahngefährdung, wenn derjenige, der abstract betrachtet gefährlich handelt, selbst die Gegenursache setzt oder auf das Eingreifen Dritter rechnen darf u. s. w.

Wenn ferner Hälschner das übermässig schnelle Fahren und das Zerstören von Schifffahrtszeichen als nur regelmässig gefährliche Handlungen nebeneinanderstellt, so werden auch hier wesentliche Verschiedenheiten übersehen. Zwar ist es richtig, dass auch bei dem letzteren Delicte die concrete Gefahr mangeln kann, aber darin gleichen sich gerade

Gefährdungsverbrechen und Ungehorsamsdelict und die Gefährdung der Schifffahrt gestaltet sich deshalb noch nicht zu einer bloss abstract gefährlichen Handlung. Wenn der Gesetzgeber ausdrücklich verlangt, dass das zerstörte Feuer- oder sonstige Zeichen „zur Sicherung der Schifffahrt bestimmt" war oder von dem falschen Zeichen, welches aufgestellt wird, dass es „geeignet ist, die Schifffahrt unsicher zu machen" und dabei insbesondere das Anzünden von Feuer „zur Nachtzeit auf der Strandhöhe, welches geeignet ist, die Schifffahrt zu gefährden" namhaft macht, so geht aus dieser Umgränzung des Thatbestandes der Charakter der Handlung als einer **generell** gefährlichen deutlich hervor. Denn dadurch werden Handlungen, welche für die Schifffahrt durchaus nicht bedrohlich sein können, ausgeschlossen, so das Wegnehmen oder Zerstören von Zeichen im Wasser, die nicht für Zwecke der Schifffahrt bestimmt sind, z. B. von Fischerzeichen, welche zur Bezeichnung der in das Meer gelassenen Netze dienen, ferner das mancher Orten übliche Anzünden von Johannisfeuern am Strande u. s. w. Erst wenn der Gesetzgeber von dem die Schifffahrt gefährdenden Charakter der Handlung abgesehen und dementsprechend jegliches Anzünden von Feuer am Strande, sei es bei Tage sei es bei Nacht, oder das Zerstören irgendwelcher Wasserzeichen unter Strafe gestellt hätte, würde der Thatbestand der Schifffahrtsgefährdung zur abstract oder regelmässig gefährlichen Handlung herabsinken, weil er dann generell verschiedene Handlungen umfasste. Wie der Thatbestand der Schifffahrtgefährdung im Gesetze gefasst ist, erscheint das Ausbleiben einer Gefährdung im gegebenen Fall als ein nur zufälliges Moment, während bei dem übermässig schnellen Fahren und Reiten dasselbe sich ebensowohl mit Nothwendigkeit aus der Sachlage zu ergeben vermag. Wer z. B. Nachts ein grösseres Feuer auf der Strandhöhe an einer Stelle, wo eine Verwechselung mit einem wirklichen Schifffahrtszeichen möglich ist, anzündet, ist nicht im Stande zu übersehen, ob nicht doch das Feuer von einem Schiffe wahrgenommen werden und dieses irreleiten kann; wer hingegen in einer von Menschen und Fuhrwerken leeren Strasse von beträchtlicher Länge übermässig schnell fährt oder reitet, dessen Handlung entbehrt, soweit menschliche Voraussicht überhaupt reicht, nicht zufällig, sondern nothwendig der Gefährlichkeit.

Hälschner stellt sodann die abstracte Gefahr der concreten gegenüber und nimmt erstere dort als vorliegend an, wo das Gesetz eine Handlung unbedingt verbietet, weil es davon ausgeht, dass dieselbe, wie sie im Gesetz bezeichnet ist, die generelle Bedeutung einer gefährlichen habe, so z. B. bei der Aussetzung, der Brandstiftung und dem übermässig schnellen Fahren in Städten. Eine concrete Gefahr ist dagegen dann gegeben, wenn das Gesetz eine Handlung nicht unbedingt, sondern nur bedingungsweise als eine gefährliche verbietet und zwar darum, weil die betreffende Handlung nicht schon an sich, sondern erst dann die generelle Möglichkeit eines schädlichen Erfolges ergiebt, wenn weitere bedingende Umstände hinzutreten. In diesem Falle giebt das Gesetz dem Ermessen des Richters anheim, festzustellen, ob solche Umstände vermöge deren die Handlung als gefährlich erschien, hinzugetreten waren, so beim Einfahren oder Zureiten von Pferden auf öffentlichen Strassen in Städten, welches nur unter der Bedingung verboten ist, dass es mit gemeiner Gefahr verbunden war, desgleichen bei der Herbeiführung einer Ueberschwemmung, die gleichfalls bloss wenn sie mit gemeiner Gefahr verknüpft war, unter Strafe steht.

Den Grund für dieses verschiedene Verfahren des Gesetzgebers erblickt Hälschner darin, dass derselbe es bei manchen Delicten, z. B. der Brandstiftung für ausführbar erachtet, die Umstände, welche die Gefährlichkeit der Handlung bedingen, festzustellen und darum die so bezeichnete Handlung unbedingt zu verbieten, während dieses bei anderen Delicten z. B. der Ueberschwemmungstiftung nicht möglich erscheint, weil das Ueberschwemmen häufig eine erlaubte und ganz gefahrlose Handlung darstellt und deshalb die Feststellung der Gefährlichkeit der Handlung dem Richter überlassen werden muss. Die Erklärung, welche Halschner für die divergirende Gestaltung des Thatbestandes bei jenen beiden Gruppen giebt, erscheint als eine durchaus zutreffende, nicht richtig ist es aber wenn der Unterschied zugleich auf den Gegensatz der abstracten und concreten Gefahr bezogen wird. Der Gesetzgeber hat vielmehr hier wie dort entweder die generell oder die abstracte Gefahr im Auge. Für den Thatbestand der Aussetzung und Brandstiftung ist die generelle Gefahr massgebend, für das übermässig schnelle Fahren freilich die abstracte, deshalb zählt aber auch dieses Delict zu den Polizeivergehen, nicht wie jene zu den Gefährdungsverbrechen. Sowenig für die erste Gruppe die abstracte Gefahr entscheidend ist, ebensowenig ist es die concrete für die zweite. Der Thatbestand der Gemeingefahr ist bei der Ueberschwemmungstiftung unzweifelhaft vorhanden, auch wenn die Handlung sich im concreten Falle nicht zur thatsächlichen Gemeingefahr entwickelte, weil der Wind plötzlich umschlug und das Wasser von dem Deiche in's Meer zurücktrieb, oder sich zu einer solchen gar nicht entwickeln konnte, weil die Bewohner die bedrohte Ortschaft bereits geräumt hatten, als der Thäter den ohnehin durch das Steigen des Wassers gefährdeten Damm durchstach. — Scheinbar ist die Sachlage eine andere beim Zureiten von Pferden „mit gemeiner Gefahr", und die concrete Gefahr hier ein gleichsam sich von selbst einstellendes Thatbestandsmerkmal. Indessen sind auch hier Fälle denkbar, wo die Gefahr im gegebenen Falle mangelt. Wenn ein Reiter in einer Strasse, auf der einige Menschen und Fuhrwerke sich bewegen, sein Pferd, um es zu üben, ganz plötzlich in eine schnelle Gangart übergehen oder über ein Hinderniss, etwa einen Schubkarren hinwegsetzen lässt, so ist die Handlung sicherlich im Sinne des Gesetzes eine gemeingefährliche und darum strafbare und dennoch kann sehr wohl in diesem und in allen analogen Fällen eine Gefahr nicht voraussehbar gewesen sein, weil der Reiter sich auf sein Pferd verlassen konnte und dasselbe in seiner Gewalt hatte. Auch hier stellt sich also die Handlung unter gewissen Voraussetzungen als eine generell ungefährliche dar und somit gehört das Delict zu den polizeilichen Vergehen, während die Ueberschwemmungstiftung ihren Platz unter den Gefährdungsverbrechen findet.

Im weiteren Verlaufe seiner Untersuchung bespricht H a l s c h n e r den Begriff der Gemeingefahr[1]) und wendet sich gegen die herkömmliche Auffassung derselben als einer unbestimmt grossen Gefahr. Allerdings ist es — so führt er aus — die Eigenthümlichkeit der meisten gemeingefährlichen Delicte, dass der Thäter die Wirksamkeit seiner Handlung nicht zu begränzen vermag, sodass durch dieselbe gleichzeitig oder nacheinander Viele gefährdet erscheinen. Aber es liegt kein Grund vor dieses Moment, mag es auch in meisten Fällen die Handlung charakterisiren, als ein im Begriff der Gemeingefahr nothwendiges zu betrachten. Eine gemeine Gefahr ist diejenige, der bedingungsweise ein Jeder, ein nicht individuell bestimmter und begränzter Kreis von Personen ausgesetzt ist und sie hört nicht auf eine solche zu sein, wenn sie eine begränzte ist und in der Verletzung nur einer Person erschöpft erscheint. Es ist als gemeingefährlich verboten, einen Blumentopf unbefestigt vor das Fenster zu stellen, obwohl er nur einmal herabfallen und einen Vorübergehenden beschädigen kann, ebenso an von Menschen besuchten Orten Selbstgeschosse oder Fussangeln zu legen, obgleich der Schuss nur einmal sich entladen kann. Massgebend ist also der Umstand, dass eventuell Jeder, wer es auch sei, durch die Handlung bedroht erscheint, während der Umstand, dass sie gleichzeitig oder successiv eine Vielheit von Menschen bedroht, zwar für die Höhe der Strafe, nicht aber für das Wesen der Gemeingefährlichkeit als entscheidend zu betrachten sein wird.

---

1) H a l s c h n e r III 603.

Die Ausführungen Halschner sind um deswillen von Werth, weil sie auf ein bisher nicht genügend beachtetes Moment aufmerksam machen. Indem wir die Gemeingefahr als Gegensatz zu der bestimmten Gefahr fassen, brauchen wir den Ausdruck in einem doppelten Sinne. Zunächst beziehen wir das Moment der Unbestimmtheit auf den Umfang der Gefahr und gelangen so zur Begriffsbestimmung der Gemeingefahr als unbestimmt grosse Gefahr. Das ist die Gemeingefahr im engeren Sinne. Wir übertragen aber das Moment der Unbestimmtheit auch auf das Object, welches angegriffen wird, also auf die Person und in diesem Sinne ist gemeingefährlich jede Handlung, welche zwar nur einen Menschen beschädigen kann, aber unbestimmt wen. Diese weitere Bedeutung des Wortes gemeingefährlich erhellt deutlich aus den von Halschner angeführten Beispielen mit dem Blumentopf und dem Selbstschuss. Aus der Handlung vermag nur die Verletzung einer Person zu resultiren, aber jeder, gleichviel welche, die in eine verhängnissvolle räumliche Beziehung zu jenen Gegenständen tritt. In diesem Sinne gemeingefährlich zu sein, ist die Eigenschaft einer ganzen Reihe von polizeilichen Uebertretungen.

Nun erscheint es auch möglich, das Moment der Gemeingefährlichkeit bei den Gefährdungsverbrechen einerseits und den Ungehorsamsdelicten andererseits etwas genauer zu bestimmen. Die letzteren sind gemeingefährliche Handlungen in dem Sinne, dass ihnen entweder die Möglichkeit der Gefährdung einer, wenn auch unbestimmten Person, mithin einer Einzelgefährdung oder aber die Möglichkeit der Erzeugung einer unbestimmt grossen Gefahr innewohnt. In jedem von beiden Fällen ist aber die Möglichkeit stets eine abstracte. Das gilt zunächst von der Möglichkeit in der letzteren Richtung, sei es dass die Handlung generell verschiedene Fälle umfasst, weil, wie z. B. beim übermässig schnellen Fahren, Fälle denkbar sind, wo die äusseren Umstände die Gefährlichkeit vollständig ausschliessen, sei es dass die Handlung an sich den Keim der Gefahr in sich birgt, in Folge aber der Existenz einer Gegenursache sich nicht zur gefährlichen herausbilden kann. Nicht minder ist aber auch die Möglichkeit in der ersteren Richtung als abstracte aufzufassen. Auch das Hinstellen eines unbefestigten Blumentopfes „an Orten, wo Menschen zu verkehren pflegen" oder das Legen von Selbstgeschossen oder Fussangeln an „von Menschen besuchten Orten" ohne polizeiliche Erlaubniss kann eine vollständige gefahrlose Handlung sein, wenn dasselbe zu einer Zeit erfolgt, wo die in Frage kommende Oertlichkeit nicht von Menschen frequentirt zu werden pflegt. Der Blumentopf wird z. B. vor das Fenster eines Fabrikgebäudes hingestellt während die Mittagspause herrscht und daher erfahrungsmässig Niemand um diese Zeit den Hof betritt oder ein Gärtner legt ohne polizeiliche Erlaubniss auf einem von der Schuljugend zum Spielen benutzten Rasenplatz Fussangeln, um den Garten oder seine Hühner vor einem schädlichen Thiere zu schützen und den Missethäter dingfest zu machen und zwar am frühen Morgen, wo eine Benutzung des Platzes durch die Schüler nicht erwartet werden kann. In diesen und ähnlichen Fällen ist eine Gefahr nicht voraussehbar, das Ausbleiben derselben ergiebt sich daher mit Nothwendigkeit aus der Beschaffenheit der Handlung.

Anders bei dem Gefährdungsverbrechen. Diesem ist eine Gemeingefahr ausschliesslich in dem Sinne einer unbestimmt grossen Gefahr eigenthümlich. Auch hier kann freilich im gegebenen Fall nur eine Einzelgefährdung vorliegen, als individuelle trägt aber die concrete Erscheinungsform der Handlung nur einen accidentellen Charakter und fällt dem Allgemeinbegriff derselben gegenüber, der die generelle Möglichkeit einer unbestimmt grossen Gefahr involvirt, nicht in's Gewicht. Als Thatbestandsmerkmal des Gefährdungsverbrechens ist die Gemeingefahr also eine in ihrer Ausdehnung nicht voraussehbare Gefahr und wird deshalb einerseits durch eine grössere Zahl oder eine besondere Beschaffenheit der angegriffenen Rechtsgüter, andererseits durch eine erhebliche Intensität des angewendeten Mittels bedingt. Darum ist der Thatbestand der Brand- und Ueberschwemmungstiftung sowohl von einem bedeutenderen Umfange der in Frage kommenden Gegenstände wie von der Anwendung der elementaren Kräfte des Feuers oder Wassers als Angriffsmittel abhängig. Aus dem nämlichen Grunde beschränkt sich der Thatbestand der Eisenbahngefährdung auf die Gefährdung von Eisenbahntransporten, bei denen eine Naturkraft zum Betriebe benutzt wird und erstreckt sich nicht auch auf die Gefährdung des Verkehrs auf Pferdeeisenbahnen. Setzt der Typus des gemeingefährlichen Verbrechens hiermit eine Gefährdung von Leib, Leben und Eigenthum durch Entfesselung von elementaren Kräften voraus, so gliedern sich diesem, durch das Moment der unbestimmt grossen Gefährdung verbunden, eine Reihe anderer Delicte an, welche in der einen oder anderen Beziehung von dem Normaltypus abweichen. So bedroht z. B. die Brunnenvergiftung zwar Leben und Gesundheit oder Eigenthum, jedoch nicht vermittelst einer Entfesselnng von Naturkräften. Noch weiter entfernen sich von der ursprünglichen Erscheinugsform des gemeingefährlichen Verbrechens zwei andere Delicte, bei denen sogar andere Rechtsgüter als Angriffsobjecte erscheinen: die Telegraphengefährdung und die gemeingefährliche Nichterfüllung von Lieferungsverträgen. Der Schwerpunkt der Telegraphengefährdung, bei der überdies die Handlung nicht in einer Entfesselung von Naturkräften, sondern umgekehrt in einer Verhinderung ihres geregelten Wirkens besteht, liegt durchaus nicht auf der Seite der Bedrohung von Leib und Leben oder des Eigenthums, sondern ruht auf all' den mannigfaltigen Interessen, welche mit der Integrität des Telegraphenverkehrs verknüpft sind [1]). Die Nichterfüllung endlich von Lieferungsverträge mit einer Behörde über Heeresbedürfnisse zur Zeit eines Krieges oder über Lebensmittel zur Abwendung oder Beseitigung eines Noth-

---

[1]) Hälschner III 605.

standes, betrifft zwar in letzterer Hinsicht Fälle der Gemeingefährdung von Leib und Leben, in der ersteren aber geht sie über den Kreis dieser Güter weit hinaus und reiht sich den Delicten an, welche wie die Gefährdung des öffentlichen Friedens oder die gemeingefährlichen Bestrebungen der Socialdemokratie ihre Spitze wider die Rechtsgüter des Staates kehren.

Ueberblicken wir noch einmal das Gebiet der gemeingefährlichen Verbrechen, so zeigt sich, dass die generelle Gemeingefährlichkeit der Handlung den gemeinschaftlichen Grundzug ihres Wesens ausmacht, der gegenüber die individuelle Erscheinungsform nicht in's Gewicht fällt. Legt man dagegen auf diese den entscheidenden Nachdruck und unterscheidet demgemäss unter ihnen zwischen abstract und concret gemeingefährlichen, so verweist man erstere, soweit sie nicht zugleich Verletzungsdelicte sind, in das Gebiet der Polizeivergehen und stellt bei letzteren, allen Regeln der Begriffsbildung zuwider, den besonderen Inhalt über den allgemeinen.

Zum Schlusse dieser Ausführungen sei es gestattet, die Berechtigung einer mehrfach verwertheten Construction, an der nicht ohne Grund Anstoss genommen werden darf, zu erläutern. Wiederholt ist von der Möglichkeit einer Gefahr im Gegensatz zur Möglichkeit einer Verletzung die Rede gewesen. Darf man aber von der Möglichkeit einer Gefahr sprechen? Vom Standpunkt der reinen Logik aus sicherlich nicht. Das Recht erblickt aber in dem Eintreten der nahen Möglichkeit einer Verletzung bereits etwas wirklich Vorhandenes, einen Erfolg gleich dem beim Verletzungsdelicte, der zwar keinen so intensiven Schaden erzeugt wie dieser, aber doch bereits eine schädliche Wirkung für die Rechtswelt in sich verkörpert [1]), dessen Verursachung daher mit der des Verletzungserfolges zum criminellen, dem rechtsgüterschädigenden Unrecht zusammengefasst wird.

---

1) Binding, Normen I 202 f.

III.

Das Gebiet des Gefährdungsverbrechens stellt sich somit als ein weites und ausgedehntes dar, die Verwerthung desselben erfolgt nach den verschiedensten Richtungen hin. Stets aber erfordert es eine generelle Gefahr zu seinem Thatbestande.

Es entsteht nun die Frage, wie dann, wenn die Gefahr in die Verletzung umschlägt, wenn die mehr oder minder wahrscheinliche Schädigung von Rechtsgütern sich zur wirklichen entwickelt? Der im Zweikampf Verletzte erliegt seinen Wunden, der Ausgesetzte bleibt zeitlebens siech, die Eisenbahngefährdung führt zur Entgleisung des Zuges und zur Verletzung von Passagieren u. s. w.

Die Strafgesetzgebung ertheilt uns auf diese Frage die Antwort, dass der Thäter, obwohl er diesen Ausgang nicht wollte, dennoch für denselben einzustehen hat, die Strafe also entsprechend zu steigern ist. Die Haftung wird sogar soweit ausgedehnt, dass der schlimme Ausgang dem Urheber nicht bloss zugerechnet wird, wenn er denselben voraussehen konnte, mithin in culpa versirte, sondern auch dann, wenn er ihn nicht vorauszusehen vermochte, dieser also nur z u f ä l l i g eintrat. Der Ausgesetzte zieht sich z. B. in Folge eines ganz unerwarteten Witterungswechsels eine Krankheit zu und geht an derselben zu Grunde, der Raufhändler strauchelt und verletzt beim Fallen mit dem Messer einen Gegner tödtlich, der entgleiste Zug überfährt einen neben dem Bahndamm Gehenden[1], an einer Stelle, wo der Thäter gar nicht voraussehen konnte, dass ausser dem Bahnpersonal Jemand dort gehen werde. Damit stehen wir vor einer interessanten Frage. Es gilt als ein Fundamentalsatz des Strafrechts, dass Niemand den Schaden, den er zufällig verursacht, zu verantworten hat. Wer nur durch eine un-

---

[1] Vgl. Oppenhoff § 315 N. 11.

glückliche Verkettung von Umständen einen Anderen verletzt, ist stets straflos. Treten wir nun mit diesem Grundsatz nicht in Widerspruch, wenn wir beim Gefährdungsverbrechen den Verbrecher auch für den bloss zufällig aus seinem Thun entsprungenen schweren Erfolg verantwortlich machen? Liegt nicht ein schreiendes Unrecht gegen ihn vor? Auch der Verbrecher hat noch Anspruch auf Gerechtigkeit und niemals darf ohne zureichenden Grund die Wagschale in der Hand der Themis zu seinen Ungunsten sinken.

Diese Bedenken lassen es begreiflich erscheinen, dass gerade wer von idealer Rechtsauffassung beherrscht wird, die seltsame Erscheinung einer Haftung für Zufall im Strafrecht läugnet, weil er sie nicht zu erklären vermag. Wer von der Strafunfähigkeit des Zufalls durchdrungen ist, also auch von der Unmöglichkeit, ihn als Strafschärfungsgrund zu behandeln, der kann in der That jene Bestimmungen des Strafgesetzbuches nur als gemünzt auf Fälle der Idealconcurrenz eines Verbrechens mit einem culpos verursachten schwereren Erfolg betrachten [1]).

Allein diese Auffassung hat die gemeine Meinung und die übereinstimmende Gerichtspraxis gegen sich. Ihr treten ferner Entstehungsgeschichte und Wortlaut des Gesetzes entgegen. Hätte der Gesetzgeber wirklich nur die culpose, nicht auch die casuelle Verursachung treffen wollen, weshalb redet er beständig von „verursacht" und nicht von „fahrlässig verursacht"? Legte er jenen Bestimmungen die entsprechenden des Preussischen Gesetzbuches zu Grunde und sind diese constant in dem Sinne ausgelegt worden, dass sie auch den zufälligen Erfolg mit einbegriffen, so hatte der Gesetzgeber doch wahrlich Grund, den veränderten Standpunkt durch Hinzufügung des Wortes „fahrlässig" zum unzweideutigen Ausdruck zu bringen. Das Schweigen desselben, die unveränderte Aufnahme jener Bestimmungen aus

---

1) Binding, Handbuch I 366; Hälschner I 327, II 28 f.; Berner S. 483; Schütze S. 396.

dem Preussischen Gesetzbuch darf also nur als Beweis für die Continuität des Rechtsgedankens gedeutet werden.

Jener Ansicht widerspricht ferner die Behandlung analoger Fälle. Wie oben erörtert ist bei gewissen Delicten, denen das Merkmal der Gefährdung zukommt, z. B. beim einfachen Bankerott, dem Raufhandel, der Anreizung zum Zweikampf die Strafbarkeit der Handlung davon abhängig, dass ein bestimmtes Ereigniss, die Zahlungseinstellung, der Zweikampf u. s. w. der gefährlichen Handlung zeitlich, wenn auch keineswegs als Wirkung derselben gefolgt ist. Lässt der Gesetzgeber dieses zufällige Zusammentreffen über die Strafbarkeit der Handlung entscheiden, so steht es damit durchaus im Einklang, wenn er den verletzenden Erfolg, der, sei es auch nur zufällig, aus der Handlung des Thäters entsprang, als Strafschärfungsgrund verwerthet. Ist der Zufall im Stande, die Strafbarkeit zu schaffen, so ist er sicherlich erst recht befähigt, strafschärfend zu wirken. — Könnte nach alle dem noch ein Zweifel über die Stellung des Gesetzgebers obwalten, so muss derselbe schwinden, nachdem dieser in dem neuerdings erlassenen Sprengstoffgesetz die Haftung für Zufall mit klaren Worten statuirt hat, indem er die höhere oder geringere Strafe für eine durch gemeingefährliche Anwendung von Sprengstoffen verursachte Tödtung davon abhängig macht, ob der Thäter den Erfolg voraussehen oder nicht voraussehen konnte [1]).

Die Thatsache als solche steht also fest, nur darum kann es sich handeln, ob sie eine befriedigende Erklärung zulässt oder nicht. Kündigt in der That der Gesetzgeber hier zu Gunsten der Bedürfnisse des practischen Lebens

---

1) D. Sprengstoffgesetz v. 9. Juni 1884 § 5: Wer vorsätzlich durch Anwendung von Sprengstoffen Gefahr für das Eigenthum, die Gesundheit oder das Leben eines Anderen herbeiführt, wird mit Zuchthaus bestraft.

Ist durch die Handlung eine schwere Körperverletzung verursacht worden, so tritt Zuchthaus nicht unter 5 Jahren, und wenn der Tod eines Menschen verursacht worden ist, Zuchthaus nicht unter 10 Jahren oder lebenslängliches Zuchthaus ein.

Ist durch die Handlung der Tod eines Menschen herbeigeführt worden und hat der Thäter einen solchen Erfolg voraussehen können, so ist auf Todesstrafe zu erkennen.

der idealen Rechtsauffassung den Gehorsam oder sind die ihn leitenden Gesichtspunkte doch höhere als es den Anschein hat? Halten wir Umschau auf strafrechtlichem Gebiete nach der Haftung für Zufall, so ergiebt sich als massgebender Grundgedanke die Knüpfung dieser Haftpflicht an das Schuldmoment. Wer in harmloser Absicht handelnd durch ein nicht voraussehbares Zusammentreffen von Umständen, einen Rechtsschaden hervorruft, z. B. einen Menschen tödtlich verletzt, den zieht das Strafrecht niemals zur Verantwortung, weil er ohne Schuld ist. Wer dagegen eine Rechtspflicht verletzt hat, indem er einem Verbot zuwider die Rechtswelt gefährdet, der ist in Schuld und deshalb hat er für den Zufall einzustehen.

Gebunden an die Schuld, stellt diese Haftung für Zufall keine vereinzelte Erscheinung im Strafrechte dar, sondern tritt uns in verschiedenster Weise entgegen.

Vor Allem findet sie sich beim vollendeten Verletzungsverbrechen vor. Wer eine Höllenmaschine gegen bestimmte Personen in Bewegung setzt, bleibt des vollendeten Mordes schuldig, wenn die Explosion früher oder später vor sich geht. Nicht minder ist der Giftmischer wegen Mordes zu strafen, dessen Gift langsamer oder schneller wirkte, als er meinte. Denn wer vorsätzlich eine Tödtungsursache setzt, hat für den eingetretenen Erfolg einzustehen, mag derselbe früher oder später als beabsichtigt, verwirklicht worden sein[1]. Der vorzeitige oder nachzeitige Eintritt des Erfolges erscheint, weil er jederzeit möglich war, als ein zufälliges Moment und ist deshalb nicht im Stande, den Charakter der Handlung zu verändern, die Haftung für Vollendung zu beseitigen.

Wie der Zeitpunkt, wann die Ursache wirkt, ist auch die Art und Weise, wie sie wirkt, unerheblich. Vollendeter Mord liegt vor, wenn A den B über das Brückengelän-

---

1) Binding, Normen II 444 bei Besprechung des Fall Thomas.

der wirft, um ihn zu ersäufen, B aber auf den Brückenpfeiler aufschlägt und sich den Schädel zerschmettert[1]).

Die Haftung für Vollendung wird endlich nicht dadurch beseitigt, dass der Erfolg nur zufällig eintritt. Kein Richter wird sich besinnen, denjenigen wegen Mordes zu verurtheilen, der in der Absicht einen Anderen zu tödten, auf ihn schiesst, ihn aber nur deshalb trifft und tödtlich verletzt, weil der Angegriffene gerade in diesem Augenblicke ausgleitet und hinfällt. Der Grund liegt darin, dass der Eintritt des Erfolges bloss im Hinblick auf den Grad unserer Erwartung im Einzelfalle ein zufälliger ist, nicht auch vom Standpunkte des wahren Werthes der Handlung aus. Diese schloss erfahrungsmässig ihrem Wesen nach die Möglichkeit des Erfolges in sich und darum ist es kein zufälliges, sondern ein mit ihrem begriffsmässigen Charakter zusammenhängendes Merkmal, dass der Erfolg in der That existent wurde.

Wir gewinnen also den Satz: Die individuelle Gestaltung des Causalzusammenhanges zwischen der Ursache und dem Erfolge, — wann, wie und dass sie wirkt — ist gegenüber der durch den Charakter der Handlung generell gegebenen und in concreto vorhandenen Möglichkeit des Erfolgseintritts, weil nur zufälliges Merkmal der Handlung, irrelevant.

Wir werden, diesen Satz verallgemeinernd einen Schritt weitergehen und sagen dürfen: Werden bei Ausführung des Verbrechens zwei Ursachen für den verletzenden Erfolg gesetzt, so ist es gleichgültig, welche ihn herbeiführt, weil jede von ihnen denselben zu erzeugen vermochte. Eine solche Mehrheit von Ursachen kann zunächst in der Weise vorliegen, dass jede von ihnen als Ursache wirken soll und eine thatsächlich wirkt. Wenn z. B. A in Mordabsicht den B durch einen Dolchstich tödtlich getroffen hat, ihm aber zur grösseren Sicherheit eine zweite gleich schwere Verwundung

---

[1] v. Liszt S. 162.

beibringt, so ist es völlig irrelevant, ob die zweite Tödtungshandlung den Erfolg bewirkte oder ob schon die erste denselben herbeigeführt hatte, während der A den B noch für lebend hielt. Auch im letzteren Falle liegt vollendeter Mord, nicht etwa Mordversuch in Concurrenz mit culposer Tödtung vor. Beide Handlungen sind zur Verursachung des Erfolges tauglich und beide stellen sich als Verwirklichung des nämlichen Mordvorsatzes dar. Diesen Momenten gegenüber erscheint der Umstand, dass im gegebenen Falle gerade diese von ihnen den Erfolg hervorruft als ein unwesentliches, zufälliges Merkmal der Handlung.

Aus demselben Grunde werden wir, eine bekannte Controverse berührend, vollendeten Mord auch dann anzunehmen haben, wenn nicht jede von beiden Handlungen als Tödtungsursache gesetzt wird, sondern nur e i n e von ihnen, die andere hingegen in irgend welcher mit der Ausführung des Verbrechens in Zusammenhang stehenden Absicht, und nun gerade diese, nicht jene, wie beabsichtigt, den Tod herbeiführt. Es ist also auf Mord zu erkennen, wenn Jemand, um einen Selbstmord zu fingiren, sein Opfer zuvörderst chloroformirt und dann durch's Herz sticht, während der Tod bereits durch die Narkotisirung herbeigeführt war. Der Angriff richtet sich gegen einen Lebenden, beide Handlungen dienen zur Verwirklichung des verbrecherischen Vorhabens, sind generell tauglich, den Erfolg herbeizuführen und werden mit Kenntniss ihrer gefährlichen Natur vorgenommen. Im Vergleich zu diesen wesentlichen Kennzeichen des Delictes erscheint der Umstand, dass nicht gerade die unmittelbar zur Verwirklichung des Mordvorsatzes bestimmte Handlung den Tod bewirkt, ja nicht bewirken kann, weil der Angegriffene inzwischen bereits verstorben ist, als ein nur der concreten Gestaltung der Handlung eigenthümliches, unwesentliches Merkmal.

Analog muss auch der umgekehrte Fall entschieden werden, wenn der Thäter sein Opfer für bereits getödtet hielt und um die Spuren des Verbrechens zu verdecken den vermeintlich nicht mehr Lebenden in's Wasser wirft und dadurch erst umbringt. Nicht Concurrenz von Mordversuch und culposer bezw. casueller Tödtung liegt, wie häufig allen gesunden Rechtsanschauungen zum Trotz angenommen wird, hier vor, sondern vollendeter[1]) Mord[2]). Auch hier richtet sich der Angriff wider einen Lebenden, ebenso werden beide Handlungen mit dem Bewusstsein ihrer generellen Tauglichkeit zur Erzeugung des Erfolges vorgenommen und sollen beide in der einen oder anderen Weise zur Ausführung des Vorhabens dienen. Der Unterschied zwischen beiden Fällen liegt also nur darin, dass hier der Vorsatz der Ursache zeitlich vorausgeht, dort dagegen die Ursache dem Vorsatz. Die eigenthümliche Verschiebung des zeitlichen Verhältnisses zwischen Vorsatz und Ursache vermag aber nicht die Haftung für Vollendung zu beseitigen, etwa einen dolus antecedens oder subsequens zu erzeugen, weil diese individuelle Gestaltung dem Gattungscharakter der Handlung gegenüber, welcher das Merkmal der generellen Möglichkeit des rich-

---

[1]) Im Resultate übereinstimmend: H. Meyer S. 171; v. Bar, Causalzusammenhang. Leipzig 1871 S. 70; v. Buri, Causalität. Leipzig 1873. S. 76; v. Schwarze in v. Holtzendorffs Handbuch II 313 f. und in G. A. IX 1861 S. 617. — Von einer culposen oder casuellen Tödtung kann nicht die Rede sein, weil der Thäter den Erfolg sich vorgestellt hat und ihn gerade herbeiführen will. Der Irrthum, der vorliegt, bezieht sich lediglich auf den Zeitpunkt, wo der von dem Thäter beabsichtigte und verursachte Erfolg eintrat, betrifft also ein ganz unwesentliches Moment des Thatbestandes.

[2]) Voraussetzung der Verantwortlichkeit für vollendete Tödtung ist dabei stets, dass der Erfolg aus der vom Verbrecher gesetzten Ursache entspringt. Nicht richtig ist es daher, wenn v. Liszt S. 162 vollendete Tödtung auch in folgendem Falle annimmt: Ein Wildschütze legt auf den Jäger an, um ihn zu erschiessen, dieser macht einen Seitensprung und stürzt dabei in den Graben. Hier wird der Erfolg durch eine Handlung des Verletzten herbeigeführt und deshalb liegt nicht vollendete vorsätzliche Tödtung vor. Anders, wenn der Wildschütze den Jäger tödtlich getroffen hat und dieser am Flussufer stehend, schwer verletzt in den Fluss stürzt und ertrinkt. In solchem Falle ist es in der That die Handlung des Wildschützen, welche den Erfolg, wenngleich zufällig in anderer Weise als vorgestellt bewirkt. — Auch in folgendem bekannten Falle liegt aus dem erwähnten Grunde nicht vollendete Tödtung vor: A. dringt mit geladener Pistole auf seine ungetreue Geliebte ein, in der Absicht sie zu erschiessen, diese greift in ihrer Bestürzung, um sich zu schützen, in die Pistole und bewirkt dadurch die Entladung. Vgl. Dochow-Liszt, Strafrechtsfälle. Jena 3. Aufl. 1884 S. 28 und v. Schwarze in G. A. X 1862 S. 335.

tigen zeitlichen Verhältnisses von Schuld und Verursachung zukam, als eine nur zufällige sich darstellt.

Die Haftpflicht für Zufall tritt uns ferner beim Verletzungsdelict in der Weise entgegen, dass wer schuldhaft einen **geringeren** Rechtsschaden verursacht, für den zufälligen Eintritt eines **schwereren** einzustehen hat. So bei der Körperverletzung, der Abtreibung, Einsperrung, gewaltsamen Unzucht, Brandstiftung u. s. w., wenn durch die Handlung eine schwere Gesundheitsbeschädigung oder der Tod eines Menschen verursacht worden ist. Auch hier gründet sich die Verantwortlichkeit auf die schuldhaft geschaffene Möglichkeit; denn wer einen Rechtsschaden herbeiführt, hat damit den Eintritt des sich aus diesem entwickelnden grösseren erst ermöglicht[1]). In diesem Sinne ist es richtig, wenn schon das canonische Recht sagt: Et sic propter unum delictum imputantur omnia, quae sequuntur ex illo[2]).

Der Gesetzgeber geht sogar noch einen Schritt weiter. Er statuirt jene Verantwortlichkeit nicht bloss, wenn der Erfolg zwar zufällig, aber doch aus dem Thun des Verbrechers entspringt, sondern auch in dem Falle, wenn derselbe aus anderen Ursachen entsteht, in **diesem** Sinne also ein zufälliger ist, sei es dass dem Zufall strafbegründende, sei es dass ihm strafschärfende Kraft beigelegt wird. So ist beim Meineid, das wissentlich zum Nachtheil des Angeklagten abgegebene falsche Zeugniss mit höherer Strafe belegt, wenn Verurtheilung zu gewissen schweren Strafen erfolgte (D. Gb. § 154), mag auch das Urtheil sich nicht auf diese Aussage stützen; ebenso das Sich-Einlassen mit einer fremden Regierung, um diese zum Kriege gegen den

---

1) Windelband, D. Lehren vom Zufall. Berlin 1870 S. 24 bemerkt zu dem Satze „casus a nullo praestantur", ... „welcher Satz selbstverständlich da eine Einschränkung findet, wo durch die Schuld eines Menschen die Möglichkeit eines Zufalls überhaupt erst herbeigeführt oder obwohl er es vermochte und sollte, nicht verhütet worden ist." — Vgl. auch Wahlberg, d. Mass u. d. Worthsberechnung im Strafrechte. Ges. kleine Schriften über Strafrecht. Bd. III. Wien 1882 S. 111.

2) Wahlberg, Handlung und Zufall in Z. f. StfRW II 1882 S. 207.

inländischen Staat zu bewegen (D. Gb. § 87), falls der Krieg in der That ausbrach, auch wenn kein Causalzusammenhang zwischen der Handlung und dem nachfolgenden Ausbruch des Krieges besteht; der betrügliche Bankerott endlich wird strafbar, wenn ihm die Zahlungseinstellung oder Concurseröffnung zeitlich nachfolgte, mag auch das in Frage kommende Ereigniss aus von dem Gemeinschuldner unabhängigen Ursachen hervorgegangen sein [1]). Das Zusammentreffen beider Thatsachen, der Handlung und des schädlichen Erfolges ist hier überall nur ein zufälliges, in dem Sinne, dass es aus anderen Ursachen entspringt, vermag aber nichtsdestoweniger die Beurtheilung der Handlung nicht zu alteriren, weil deren Charakter sich durch ihre wesentlichen Merkmale, das wirklich erfolgte Eintreten des Erfolges und die schuldhaft hervorgerufene generelle Möglichkeit desselben bestimmt. Die Handlung hat den Erfolg zwar im gegebenen Falle nicht herbeigeführt, vermochte vielleicht sogar in concreto nicht ihn herbeizuführen, ihrem ganzen Charakter nach aber hätte sie denselben zur Folge haben können. Trotz mangelnden Causalzusammenhanges haftet also der Verbrecher, weil dieser Mangel nur als ein zufälliges Merkmal der Handlung erscheint.

Freilich ist diese Haftung für den aus anderen Ursachen entstandenen Erfolg keine unbegränzte. Sie findet ihre Schranken in dem Erforderniss, dass der schädliche Erfolg, wenn er auch nicht aus dem Thun des Verbrechers selbst entsprang, so doch in einer gewissen innerlichen Beziehung zu dem Thun desselben oder zu den Umständen, unter denen er thätig wurde, gestanden haben muss. Er darf also nicht aus Ursachen entstanden sein, welche von der Handlung und dem Boden, auf dem sie entsprossen ist, so abseits liegen, dass d i e s e n Erfolg der Handelnde unmöglich verursacht haben kann. Der Meineidige ist nicht mit der geschärften Strafe zu belegen, wenn der Richter

---

[1] Vgl oben S. 35.

aus Partheilichkeit den Angeklagten verurtheilt, der Bankerotteur nicht der Strafe zu unterwerfen, wenn ein Krieg auch seine Zahlungseinstellung zur Folge hat, der Landesverräther, der sich mit der auswärtigen Regierung einliess, hat nicht die qualificirte Strafe zu tragen, wenn der eigene Staat in frivolster Weise den fremden mit Krieg überzieht.

Zugleich zeigt sich eine interessante Verschiedenheit in der Behandlung der beiden Gruppen der Haftung für den Zufall. Dort, wo der Erfolg aus dem Thun des Delinquenten, wenn auch nur zufällig, hervorging, genügt die durch den Eintritt des leichteren Erfolges gegebene abstracte Möglichkeit des schwereren Erfolges. Denn wenn man den gesammten Umfang des Delicts der Körperverletzung, der Einsperrung, der Brandstiftung u. s. w., der von der leichtesten bis zu der schwersten Gestaltung sich ausdehnen kann, überblickt, so kann dem Delicte als solchen nur in abstracto die Möglichkeit eines schweren Erfolges zugeschrieben werden [1]). Wo dagegen die Haftung auf den, aus anderen Ursachen entstandenen Erfolg sich erstreckt, da knüpft der Gesetzgeber die Haftung nur an eine Handlung, welche die generelle Möglichkeit seines Eintretens in sich schloss, so beim betrügerischen Bankerott, aber ebenso auch beim Meineide und dem Sich-Einlassen mit einer fremden Regierung. Das wissentlich zum Nachtheil eines Angeklagten erstattete falsche Gutachten oder Zeugniss involvirt — generell betrachtet — stets die Möglichkeit, dass dasselbe zur Basis eines verurtheilenden Erkenntnisses werde, mag diese Möglichkeit auch in concreto gemangelt haben, weil der Richter dem Zeugen von vornherein nicht traut. Ebenso geht auch bei jener landesverrätherischen Handlung, aus dem

---

1) Trotzdem legt die Praxis mit Recht die zufälligen Folgen dem Thäter zur Last. So wirkt bei der Körperverletzung der zufällige Erfolg entweder innerhalb des gesetzlichen Strafrahmens als Strafschöhungsgrund oder, wenn eine schwere Verletzung oder der Tod eingetreten war, als Strafschärfungsgrund, vgl. z. B. RG. II 27. Mai 87 E. XVI 129; Preuss. Ob. Trib. 8 Sept. 71. Stenglein Zeitschrift f. Gerichtspraxis u. Rechtswissenschaft. I 84.

Erforderniss, dass ein Sich-Einlassen stattgefunden haben muss, die generelle Fähigkeit der Handlung, den Erfolg zu bewirken, hervor. Denn, wenn eine Regierung mit einem fremden Unterthan in eine derartige Verbindung[1]) tritt, ist daraus erkennbar, dass ihr der Gedanke an einen Krieg nicht vollständig fern liegt.

So schafft das Strafrecht beim Verletzungsdelict eine Haftung für Zufall nach zwei Richtungen hin: in dem einen Falle wird der Zufall auf die **Wirkung** bezogen, insofern dieselbe sich, weil nicht voraussehbar, als zufällig darstellt, in dem anderen dagegen auf die **Ursache**, insofern der Erfolg, weil aus einer anderen Ursache als der schuldhaften Handlung des Verbrechers entstanden, als zufälliger erscheint. — In beiden Fällen liegt aber der Grund der Haftung darin, dass die Voraussehbarkeit des Erfolges bezw. sein Entstehen aus anderen Ursachen im gegebenen Falle dem **Allgemeinbegriff** der Handlung gegenüber, welche die Möglichkeit, dass aus ihr der Erfolg hervorging bezw. bei ihr voraussehbar war, in sich schloss, ein zufälliges Merkmal ist und darum die Beurtheilung des Rechtswerthes derselben nicht zu beeinflussen vermag.

Die Haftung für Zufall nach beiden Richtungen hin repetirt nun beim Gefährdungsverbrechen. Wer schuldhaft ein Rechtsgut gefährdet, der hat für den auch nur zufällig verursachten Erfolg einzustehen, weil er die Möglichkeit desselben erzeugte. Darin ist der Grund zu sehen, weshalb der Aussetzende haftet, wenn das verlassene Kind in Folge eines plötzlichen Witterungswechsels erkrankte und das Leben einbüsste oder von einer unerwartet daherkommenden Heerde zertreten wurde, ebenso der Duellant, wenn der Gegner nur in Folge seiner besonderen Körperbeschaffenheit an der erhaltenen Wunde zu Grunde ging.

---

[1]) Das Einlassen mit einer fremden Regierung erfordert eine **Verbindung** mit derselben, wenn es auch zu einer Verabredung noch nicht gekommen zu sein braucht, blosse Bemühungen, eine solche herbeizuführen, reichen nicht aus. So die gem. Meinung Vgl. Olshausen § 84 N. 2.

Von diesem Gesichtspunkte aus fällt auch erst das rechte Licht auf die früher besprochene Thatsache, dass gewisse Gefährdungsverbrechen nur insoweit unter Strafe stehen, als ihnen ein bestimmtes schädigendes Ereigniss in zeitlichem, wenn auch nicht in causalem Zusammenhange nachfolgte: die Verletzung beim Raufhandel, die Zahlungseinstellung beim einfachen Bankerott, der Zweikampf bei der Anreizung zu demselben. Trotz mangelnden ursächlichen Zusammenhanges haftet auch hier der Verbrecher, weil dieser Mangel im Hinblick auf die generell gegebene Möglichkeit seines Vorhandenseins nur ein zufälliger ist. Freilich auch hier mit der Einschränkung, dass der Erfolg nicht aus einem ganz anderen als dem mit der Handlung des Verbrechers in Verbindung stehenden Ursachencomplex hervorgegangen sein darf. Der Raufhändler haftet daher, wie die gemeine Meinung mit Recht annimmt, nicht, wenn der Verstorbene zufällig von einem Schlagfluss getroffen wurde, ebenso der Anreizer zum Zweikampf, wenn der Ausspruch eines Ehrengerichts denselben veranlasste, der leichtsinnige Bankerotteur, wenn der Ausbruch eines Krieges die Zahlungseinstellung herbeiführte.

Auch die Haftung für einen s c h w e r e r e n Erfolg kehrt beim Gefährdungsdelicte wieder. Wie beim Verletzungsverbrechen derjenige, der einen leichteren Erfolg herbeiführen wollte, für den aus seinem Thun casuell entsprungenen schwereren aufzukommen hat, weil der Eintritt desselben in abstracto möglich war, ebenso haftet beim Gefährdungsverbrechen wer einen generell nicht voraussehbaren schwereren Erfolg bewirkte, weil er die, wenn auch nur abstracte Möglichkeit seines Eintretens erzeugte. Aus diesem Grunde wird beim Zweikampf die erfolgte schwere oder tödtliche Verletzung dem Duellanten zugerechnet, auch wenn kraft der getroffenen Schutzmassregeln generell nur eine Gefährdung des Leibes, nicht auch des Lebens gegeben war.

Die strafrechtliche Verantwortung für Zufall lässt sich, wenn man ihre verschiedenen Erscheinungsformen überschaut, in folgende Grundgedanken zusammenfassen: **Wer schuldhaft einen rechtswidrigen Erfolg verursacht hat, haftet für den sich zufällig an denselben schliessenden schwereren Erfolg, weil er durch Verursachen des ersteren den Eintritt des letzteren ermöglichte. Wer schuldhaft ein Rechtsgut gefährdet, sei es mit oder ohne Verletzungsabsicht hat für den — in dem einen oder anderen Sinne — zufällig eingetretenen Erfolg einzustehen, weil die Handlung die generelle Möglichkeit seines Eintretens enthielt**[1]).

Allerdings bringt der Gesetzgeber diese Principien nur in bestimmtem Umfange zur Anwendung. Er beschränkt dieselben auf das criminelle Unrecht im engeren Sinn, auf die Uebertretung der Verletzungs- und Gefährdungsverbote im Gegensatz zu den blossen Ungehorsamsverboten. Ebenso berücksichtigt er das subjective Moment. Die Haftung für Zufall ist beim dolosen Delict eine weit ausgedehntere als beim culposen, bei letzterem ist sie wesentlich auf das Gebiet der gemeingefährlichen Delicte beschränkt[2]).

Jener scheinbare Widerspruch zwischen dem positiven Strafrecht und den Anforderungen der Gerechtigkeit, von dem oben ausgegangen wurde, löst sich also bei genauerer Betrachtung und deckt uns einen Rechtsgedanken tiefen ethischen Gehalts auf. Wer in Schuld ist, haftet für den Zufall, weil wie der ethische so auch der rechtliche Werth einer Handlung nicht durch den Zufall bestimmt werden kann. Auf einem Gebiete, welches wie das der Schuld so eng mit der Ethik zusammenhängt, erschiene es uns geradezu unerträglich, wollte man über den Werth einer Handlung den Zufall entscheiden lassen. Legten wir dem in Schuld Be-

---

1) Eine sehr weit gehende Haftung für Zufall kennt das englische Strafrecht. vgl. Clark, an analysis of Criminal liability. Cambridge 1880 S. 53.
2) Z. B. bei Brand- und Ueberschwemmungstiftung. Eisenbahngefährdung (D. Gb. § 309, 314, 316) u. s. w.

findlichen den zufälligen Erfolg nicht zur Last, so behandelten wir schuldloses Handeln und schuldhaftes gleich. Wir verliessen damit den ethischen Massstab, um die Herrschaft des Zufalls an die Stelle zu setzen. Denselben Kampf aber den die Logik gegen den Zufall führt, indem sie ihn nicht als Princip des Erkennens gelten lassen will, kämpft, gleich der Ethik, auch das Recht, welches nicht dulden kann, dass der Zufall zum Princip des Beurtheilens erhoben werde. Und es führt den Kampf mit Erfolg! Genauer betrachtet erweist sich die Haftung für Zufall als eine Haftung trotz Zufalls, somit nicht als ein Sieg [1]), sondern eine Ueberwindung desselben.

Innerhalb jener Gränzen gilt also im Strafrecht der Satz: Wer in Schuld ist, haftet für den Zufall, genauer: **Wer die Möglichkeit eines Zufalls geschaffen hat, ist für seinen Eintritt verantwortlich, wenn er in Schuld ist.**

Dieser Grundsatz darf zugleich eine über das Strafrecht hinausreichende Bedeutung für sich in Anspruch nehmen. Einmal deckt sich derselbe mit dem von Jhering für das römische Privatrecht nachgewiesenen Princip, dass die Schuld die Verantwortlichkeit ebensowohl schafft wie erweitert und insbesondere auch eine Haftung für Zufall erzeugt[2]). Sodann aber weist er, wenn nicht Alles trügt, den Weg zur Lösung einer unaufgeklärten Frage des Civilrechts, der ausgedehnten Haftungspflicht des Eisenbahnunternehmers u. s. w.[3]).

---

1) Schoberlechner, d. Zufall im Strafrechte. Oesterreichische Gerichtszeitung 1887 Nr. 35 f.

2) R. v. Jhering, Das Schuldmoment im römischen Privatrechte. Giessen 1867 (Vermischte Schriften. Leipzig 1879 S. 115 f.) — Vgl. auch die interessante L 16 D. de cond. furt. 13, 1: Qui furtum admittit vel re commodata vel doposita utendo, condictione quoque ex furtiva causa obstringitur. Quae differt ab actione commodati hoc, quod etiamsi sine dolo malo et culpa ejus interierit res, condictione tamen tenetur, quum in commodati actione non facile ultra culpam, et in depositi non ultra dolum malum teneatur is, cum quo depositi agetur. (Mittheilung von Prof. Zitelmann in Bonn.)

3) Vgl. D. Reichsgesetz v. 7. Juni 1871. Auch hier ist die Haftung keine unbegränzte. Sie entfällt bei Verursachung durch Naturereigniss oder durch eigenes Verschulden des Verletzten.

Wenn der, der **schuldhaft** die Möglichkeit schuf, die Rechtsfolge des Strafrechtes auf sich zu nehmen hat, falls der Rechtsschaden zufällig sich einstellte, so darf auch dem, der sie schuldlos erzeugte, die Rechtsfolge des Privatrechts beim zufälligen Eintritt des Schadens auferlegt werden. Nicht Zurückdrängung des Schuldmomentes[3]), sondern Vertiefung der Haftungslehre ist die Losung des modernen Rechts.

[3) Rupp, modernes Recht und Verschuldung. Tübingen 1880. S. 8.